2018.6.8

時間の自由と
経済の自由を手に入れる
人生の歩き方

働きたくないけど
お金は欲しい

Though I don't wanna work, I want MONEY.

投資家
遠藤 洋［著］

マネジメント社

プロローグ

朝起きた時、「その日、自分がやりたいこと」ができるようになって、ようやく人は人生のスタートラインに立つ。

「たくさん勉強して、いい学校に入って、いい会社に入れば幸せになれる」。ずっとそう信じてきた人も多いと思います。

しかし現実はどうでしょう？　毎日満員電車に乗って通勤し、夜遅くまで働き、帰ったらシャワーを浴びて寝る。そんな日々の繰り返しに、疑問を抱いている人も多いのではないでしょうか。幸せになるために働いているはずが、気がつけばいつの間にかお金のために働かされている毎日。

一方、世の中にはサンダルにTシャツ・短パン姿で平日の昼からビールを飲み、気が向いた時にふらっと海外に行く、そんな悠々自適な人生を送っている人達もいます。一見、ただのニートのようにも見える彼らは、仕事をしていなくても不思議とお金には困っている様子はなく、毎日好きなことをして生きています。

一生懸命働いている人からすると、全くもって意味がわかりません。そして彼らを指差して、「親が金持ちなんだ」「何か悪いことをしてるに違いない」「きっと特別な能力やスキルがあるんだ」などと言って、まるで自分とは違う生き物を見るかのような目で見ています。

しかし、実際はどうなのでしょう？　悠々自適に生きている人達と話をしてみると、決してそういった人ばかりではないことがわかります。むしろ、一生懸命働いている人達のほうが育ちの環境がよかったり、高学歴であったり、能力が高いことが多いようにさえ感じます。

では、この違いはいったいどこから生まれてきたのでしょうか？　「経済的自由」と「時間的自由」の両方を手にする人がいる一方、そのどちらも一生手にすることができない人がいるのはなぜなのか？

その答えを本書では紐解いていきたいと思います。

『働きたくないけどお金は欲しい』


本書のテーマはずばり「これからの資本主義社会における生き方」です。

広がる経済格差によって、いまや1割の金持ちが9割の富を独占するような時代です。持つ者がどんどん豊かになる一方で、持たぬ者にとっては最後の頼みの綱である「仕事」さえも、AIやロボットに奪われてしまうのです。

そんな資本主義社会に生きる私達が、どうすれば仕事やお金から解放され「本当の自由」を手にすることができるのか？　その答えを本書ではあなたと一緒に考えていきたいと思います。

あなたが、朝起きた時、「その日やりたいこと」ができるようになるために、本書が少しでもお役に立つことができれば幸いです。

遠藤　洋

【目次】働きたくないけどお金は欲しい

第1章 これからの働き方

働かないことは悪なのか

「働かざる者食うべからず」

一生懸命額に汗して働いて得たお金にこそ価値があり、働かない人は社会にとって悪であるといったことを表した言葉です。

しかし、誰しもが一度は思ったことがあるのではないでしょうか?

「あぁ、働きたくないけどお金は欲しい」

確かに「働くこと」に価値があって、働かなければ食べていけない時代もありました。人間の手で農業や狩りが行われていた頃の時代をイメージすれば、働かないと食べるものがなくなり死に直結するのは容易に想像できます。

しかし、その後の産業技術の発展により、人間の手で行われていた仕事は大きく効率化されていきました。機械の登場によってさまざまな産業の生産性が大きく上がり、少ない人数でより多くの製品を生産できるようになったのです。

そして現代――

テクノロジーの進化によって、今まで人間の手を必要としていた仕事の多くがさらに自動化されていきます。

飛行機はすでに飛行時間の大半を自動飛行モードで運行していますし、世界最大の旅客機メーカーであるボーイング社は、パイロット不要で自律飛行するジェット機で飛行テストを行っています。

車の自動運転技術は試験の最終段階まできており、法律などの問題がクリアになれば世の中に浸透していくまでにそう時間はかからないでしょう。

コンビニやスーパーでも、セルフレジの店舗が増えていますし、入口のＩＤ確認と店内のカメラでユーザーを認識し、ネットで自動会計を実現する「Amazon Go」などのサービスも登場しています。

荷物の配達も、ドローンなどによって自動化される日が来るでしょう。

これからの時代は「働く」という行為が機械に取って代わられてしまうため、人間が「汗水垂らして働くこと」の価値はどんどん低下していきます。

「働く人達」はだんだんと仕事を奪われ食べていけなくなってしまいます。

しかし、その一方で「金融資産を持っている人達」は自動化の機械に投資することで、働かずに巨万の富を築いていきます。

今までは「働かざる者食うべからず」が正しいとされてきましたが、これからの時代は「働いても食べられない」というのが常識になります。

長時間働いている人ほどお金に困るようになり、毎日暇そうにしている人ほどお金に余裕があるようになるのです。

「食べるために働く」のではなく「働かなくても食べていける状態になる」にはどうしたらよいのか？

こういった発想をする人だけが、これからの時代では「お金」と「時間」の両方を手にすることができるのです。

「働く」とは、相手を喜ばせること

ここであなたに質問です。
「働く」とは何でしょうか？

- 額に汗をかいて力仕事をすること
- パソコンに向かって資料を作ること
- 上司の指示に従うこと
- マニュアルに沿って仕事をすること
- 何か新しいものを生み出すこと
- 就業時間の間その場に自分がいること
- 商品を売ること
- 嫌なことを我慢すること

人によってさまざまな答えが出てくると思います。

しかし、どれも本質を突いた答えではありません。


もう1つ質問です。

あなたの給料の対価として、あなたが提供しているものは何ですか？
- 労働力
- あなたの時間
- お客様へのサービス
- 頭脳
- 今までの経験
- 容姿や愛想

どれも正解ですが、これも本質を突いたものではありません。


では、「働く」本質とは何でしょうか？

それは「**相手を喜ばせること**」です。

働いてお金を得るというのは「相手を喜ばせて、そのお礼にお金をもらう行為」なのです。

つまり、給料の対価としてあなたが提供しているのは「相手の喜び」なのです。

どれだけあなたが一生懸命働こうが、相手が喜んでくれなければ何の価値も生まれません。逆に、どれだけあなたがサボっていても、相手が喜んでくれさえすればそこには価値が生まれます。

「働くことは尊い行為だ」

「汗水垂らして働くことこそに意味がある」

という考えを持っている人もいますが、誤解を恐れずに言うと、どれだけ一生懸命、汗水垂らしながら不眠不休で働こうが、その行為自体に価値はありません。

毎日一生懸命頑張っているけれど1件も契約がとれない営業マンと、毎日サボっているけれど多くの契約をとっている営業マンを比べると、後者のほうが「働いている」と評価されるのが現実なのです。

あなたの給料の対価として、あなたが提供しているものは「相手の喜び」なのです。

相手を喜ばせた分だけ、あなたは給料を得ることができます。つまり、次の公式が成り立ちます。

【公式】あなたが手にする給料 ＝ 相手に与えた喜びの量 × 喜ばせた相手の数

あなたが給料を増やしたいと思ったら、
- 相手に与える喜びを多くする
- より多くの人に喜びを与える

の2つしか方法はありません。

マクドナルドの経営者とアルバイトの給料が違うのは、仕事内容が違うからではなく、喜ばせているお客さんの数が違うからです。

アルバイトが喜ばせられるお客さんの数が「その日に担当した100人」だとすれば、経営者が喜ばせるお客さんの数は、世界の3万店舗を超えるマクドナルドに来店するすべての人達なのです。

アップルの故スティーブ・ジョブズは、Mac や iPhone を提供して世界中の人を喜ばせました。

アルバイト：喜びを与える相手は来店したお客様

グーグル（Google）創業者ラリー・ペイジは、検索エンジンを通して世界中の人に「いつでも欲しい情報にアクセスできる」という喜びを提供しました。

アマゾン（Amazon）創業者ジェフ・ベゾスは、「いつどこにいても欲しいものを買える」便利さという喜びを世界中の人に提供しました。

世界で桁違いに資産を増やした人は、増えた資産に比例しただけの「人々の喜び」という価値を世の中に提供しているのです。

あなたが給料の対価として提供しているものは、じつは「相手の喜び」であって、労働力、サービス、時間、頭脳、経験、容姿や愛想などはあくまで相手を喜ばせるための手段にすぎません。

どれだけたくさん労働をしても

どれだけ長い時間働いても

経営者：喜びを与える相手は全世界のお客様

どれだけお客様にサービスしても
どれだけ頭脳明晰でも
どれだけ経験があっても
どれだけ容姿や愛想がよくても
相手が喜んでくれなければお金をもらうことはできません。
いくらあなたが「こんなに一生懸命働いているのに…」
と思っていたとしても、相手が喜んでくれなければ、
評価されることもなければ給料が上がることもないのです。

しかし逆に、
どれだけ労働をサボっても
どれだけ短時間の労働でも
どれだけお客様を無視しても
どれだけバカでも
どれだけ素人でも
どれだけ不細工で愛想が悪くても
相手に喜んでさえもらえれば、お金はあなたのところにやって来ます。

会社があなたに給料を払っているのは、サービス残業を期待しているわけでも、我慢して嫌な仕事をしてもらうためでもありません。あなたが会社や会社の顧客を喜ばせてくれるから給料を払っているのです。

「あなたが相手を喜ばせて、喜んだ相手はその分だけお金を払ってくれる」

世の中の経済活動は１つの例外もなくこの法則に従って回っています。

上司を喜ばせるのもあなたの仕事

どんな仕事であれ、喜ばせる相手はもちろん「お客さん」になります。
飲食業であれば、お店に来るお客さん
営業職であれば、商品を買ってくれるお客さん
エンジニアであれば、そのシステムを使うお客さん
接客業であれば、接客するお客さん
事務職であれば、来訪者や社内のメンバー
「お客さんが誰なのか？」を明確にすることによって、何をすれば相手が喜ぶのかも明確になります。
「お客さんを喜ばせる」
これが仕事の本質であり、ビジネスの本質です。
どんな時代でも「**お客さんを喜ばせること**」**ができなくなった仕事はなくなっていきます。**
もしあなたが自分で事業をやっているなら、「あなたの商品を買ってくれるお客さんを

喜ばせること」に集中すれば問題ありません。

しかし、もしあなたが会社員であれば、もう1人のお客さんにも気を配る必要があります。**そのお客さんとはあなたの上司です。**

「あまり仕事はしていないのに、上司に対しての調子だけはよく、真面目に働いている人よりも高く評価されている」

どんな会社でも1人くらいこんな人がいると思います。


会社員時代の飲みの席で「なぜあまり仕事をしていない人が高く評価されるのか？」という話題になったことがあります。

その時に一緒に飲んでいた社長が放った言葉は今でもよく覚えています。

「いいか、お客さんを喜ばせるのが君達の仕事だ。会社もそれを期待して君達に給料を払っている。じゃあ、お客さんというのはいったい誰だ？　ユーザー？　取引先？　もちろんそれが一番重要なお客さんだ。しかし、君達の給料を決める上司もじつは立派なお客さんなんだよ。残念なことにそれを理解できる人はとても少ないがね」

これには「なるほどな」と思いました。


仕事とは、資料を作ったりプレゼンをしたりすることではなく、相手を喜ばせることです。そのような定義から考えると「**上司を喜ばせること**」も**立派な仕事**です。

会社員という組織化された環境下では、自分の上司もお客さんと捉えて仕事をする必要があるのです。

もし、あなたが会社員なら、

- **自分の上司を喜ばせる**
- **お客さんを喜ばせる**

この2つがあなたの「仕事」です。このように仕事の定義を変えるだけで、全く違う世界が見えてくるでしょう。

働かないでお金を得る方法

「仕事」とは「相手を喜ばせること」と定義しました。

では、働かないでお金を得るためにはどうしたらよいのでしょうか。

多くの会社員は毎朝決められた時間に会社に行き、決められたルールの中で、決められた作業をします。「会社が決めたこと」をやっていれば、とりあえず目先の給料はもらえるので、だんだん自分の頭で物事を考えなくなっていきます。

これが続くと「パブロフの犬」のようなある種の洗脳状態になり、「お金を得るためには会社に行けばよい」と思うようになります。

決められた仕事をこなすことでお金をもらうことに慣れてしまった人達は、会社に行くことが働くことだと思い込んでしまうのです。

しかし、「相手を喜ばせること」という本質から考えると、働かないでお金を得るための答えが見えてきます。

お金を得るには相手を喜ばせればよいのです。

つまり、**あなた自身が働かなくても「相手を喜ばせる」ことができた時に、「働きたくないけどお金は欲しい」は実現します。**

お金を払う人は、「自分を喜ばせてくれたから」お金を払うのです。人がお金を払う時、重要なのは「どれだけ自分を喜ばせてくれたか」の1点のみです。タクシーの運転手が人間だろうとロボットによる自動運転だろうと、安全に時間どおりに目的地まで運んでくれればそれでいいのです。自分を喜ばせてくれるその過程で、誰かの働きがあろうがなかろうが関係ありません。

働かずしてお金を得るためには、あなたが直接働かなくても誰かが喜んでくれる仕組みや商品・サービスを作ればよいのです。

ここで世の中に存在する「不労所得」を挙げてみましょう。

【不労所得の例】

- 株などの投資収入
- 不動産の家賃収入
- 特許の権利収入
- 音楽の著作権収入

- キャラクターの著作権収入
- 本の印税収入
- ビジネスなどの権利収入
- 他人に貸したお金の利息収入
- ブログやメルマガの広告収入
- コインロッカーの利益収入
- 自動販売機の利益収入
- 油田のオーナー
- 温泉のオーナー
- 銀行に預けているお金の金利収入

まだまだあるかもしれませんが、とりあえずこんなものでしょうか。

保険や生活保護なども不労所得の手段として存在しますが、これは国や企業による一時的なセーフティーネットなので、ここでは除外します（とはいえ、倫理的な観点を無視すれば、保険や生活保護が不労所得の手段として有効であることは事実です）。

続いて、これらをお金を払う側の目線で考えてみましょう。

例えば本の印税。

お金を払う人は当然「面白い本」や「勉強になる本」などの「価値のある本」にお金を払います。みんなが「この本は価値がある」と思えば、それだけ本はたくさん売れて著者に入る印税も多くなります。

つまり、多くの印税が入ってくる著者は本の出版を通して、多くの人に喜びを提供しているのです。

音楽も同様で、その音楽を聴いて気分が明るくなったり、カラオケで歌ってストレス解消になったりする人がいるから、その音楽を生み出したアーティストにお金が入ります。

株に投資をすれば、その会社は投資されたお金を使ってより良い商品を世の中に広めてくれます。そして、その商品を使った人が喜んでくれれば会社の業績が伸び、株価も上がります。

もしあなたが温泉を掘り当てたら、地下から湧き出る温泉がそこに訪れる人々に癒しと安らぎを与えてくれます。

このように、不労所得はすべて「あなたが働かずとも誰かが喜ぶ仕組み」になっています。

つまるところ、**不労所得とは「あなたが自分で働かなくても、誰かが喜んでくれる『価値』を生み出すこと」**なのです。

この「価値」は形のあるモノでも、サービスでも、仕組みでもかまいません。重要なのは「みんなが喜んでくれるかどうか」の1点だけです。

あなた自身が働いてみんなを喜ばせることで得られる収入が「労働所得」、あなたが生み出した価値がみんなを喜ばせることで得られる収入が「不労所得」なのです。

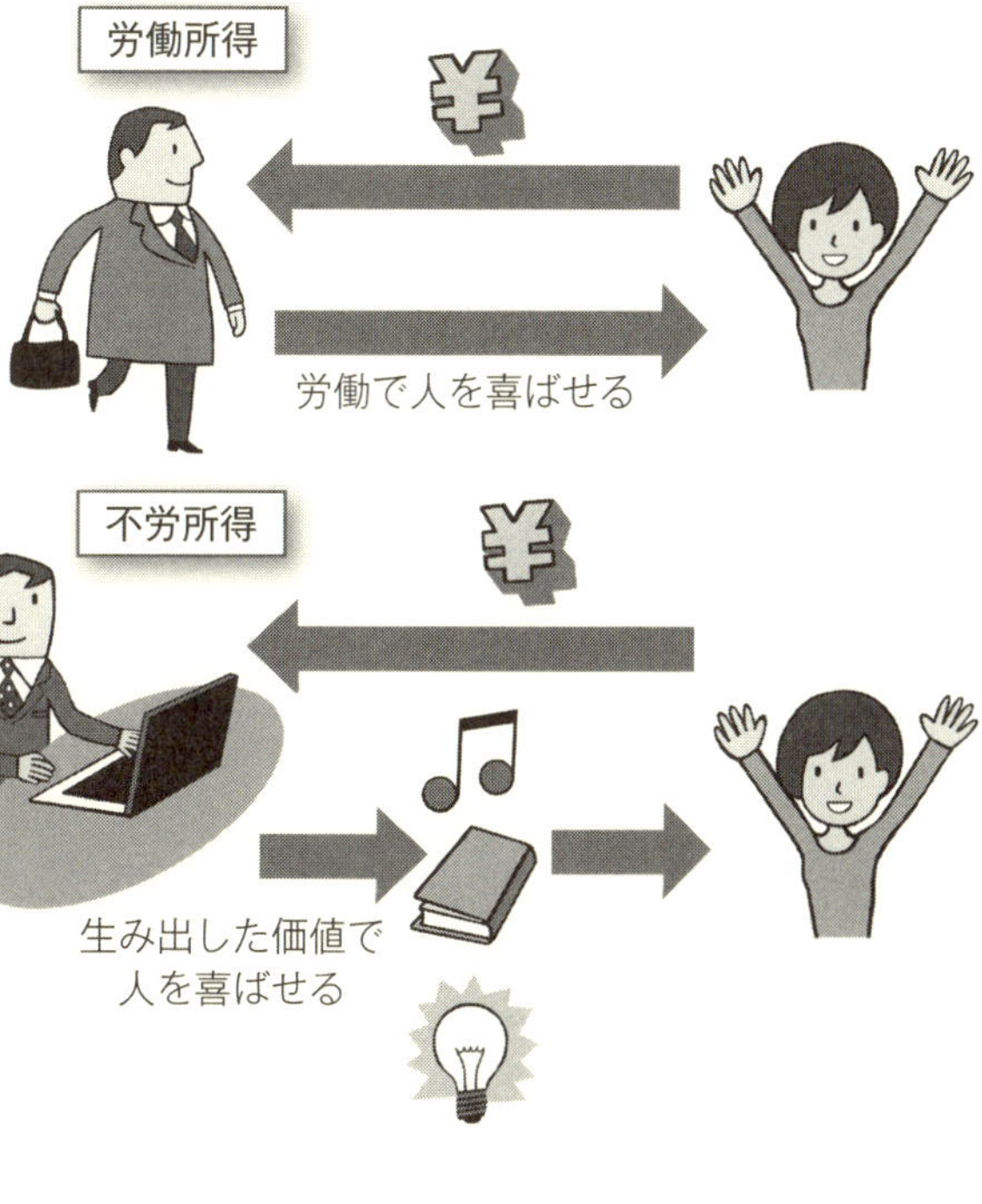

労働者と資本家

世の中には「労働者」と「資本家（投資家）」の2つのタイプの人間がいます。

1．労働者：自分の時間を提供することでお金を得ている人

お金のために働き、他人が作ったルールに従う。

毎日決まった時間に起きて、決まった場所に出社する。

誰かに決められた仕事をこなし、提供した時間の対価として給料をもらう。

一緒に働く人は自分でコントロールできない。

もらった給料からはまず税金が引かれ、そこから残ったお金で毎月のやりくりをする。

何かを買う時や行動を決める時は、毎月の手取りの給料が予算の上限。

給料が増えれば問題は解決すると思っているが、給料が増えればその分税金や浪費も増え、実際に手元に残るお金はさほど変わらない。

2．資本家：お金で労働者の時間を買うことで利益を追求している人

働かなくてもお金が入ってくる仕組みを作る。

ルールは自分に有利になるように自分で好きに作る。

毎日起きたい時間に起きて、好きな時間に好きな場所で仕事をする。

誰と一緒にどんな仕事をするかはすべて自分で決めることができる。

「仕事の報酬＝お客さんを喜ばせた対価」という公式を使って仕事をしているので、報酬の金額に上限はない。

もらった報酬から、まず自分に必要なお金を使う。

自分への支払いが終わった後にもしお金が余っていれば、そこからわずかな税金を支払う。

しばらく使う予定のないお金はすべて投資に回し、お金がお金を生む仕組みを持っている。


一般的な労働者は「会社に就職して給料を得る」という発想で働きます。就職するということは就職先の会社と労働契約を結ぶということですが、労働契約とは自分の時間を差し出して、その対価としてお金を得る契約にほかなりません。

もちろんその人の能力や経験によって給料は異なります。

しかしこれは時間単価が高いか安いかという違いだけで、時間とお金を交換しているという点では、アルバイトも正社員もみな同じです。

そう考えると労働契約とは、自分の命を差し出してお金を得るという「悪魔の契約」とも言えるかもしれません。

一方、資本家は「労働者を雇って利益を追求する」という発想でお金を稼ぎます。労働者の時間を買って働かせることで、新しい価値を生み出し利益を得ているのです。

彼らはいかに自分の時間を使わず、お金が入ってくる仕組みを作るか――という発想で仕事をしています。そして彼らは「利益が出るのであれば、雇うのは必ずしも人間でなくてもよい」という考え方をするのです。

「これからは人間の仕事がロボットに奪われる時代」と言われていますが、じつは人間の仕事を奪うのはロボットではなく、同じ人間である資本家なのです。

このような大きな時代の変化の中で「労働者」が生き残っていく道は2つしかありません。1つが「**資本家に選んでもらえる労働者になること**」、そしてもう1つが「**労働者から資本家になること**」です。

「資本家に選んでもらえる労働者になる」というのは、言い換えるとロボットやＡＩでは代行できない仕事ができる労働者になるということです。

資本家に見えている世界
もっと効率的に
儲けるには…
メリットがあれば
ロボットに換える
給与
労働
給与
労働
労働
給与
利益

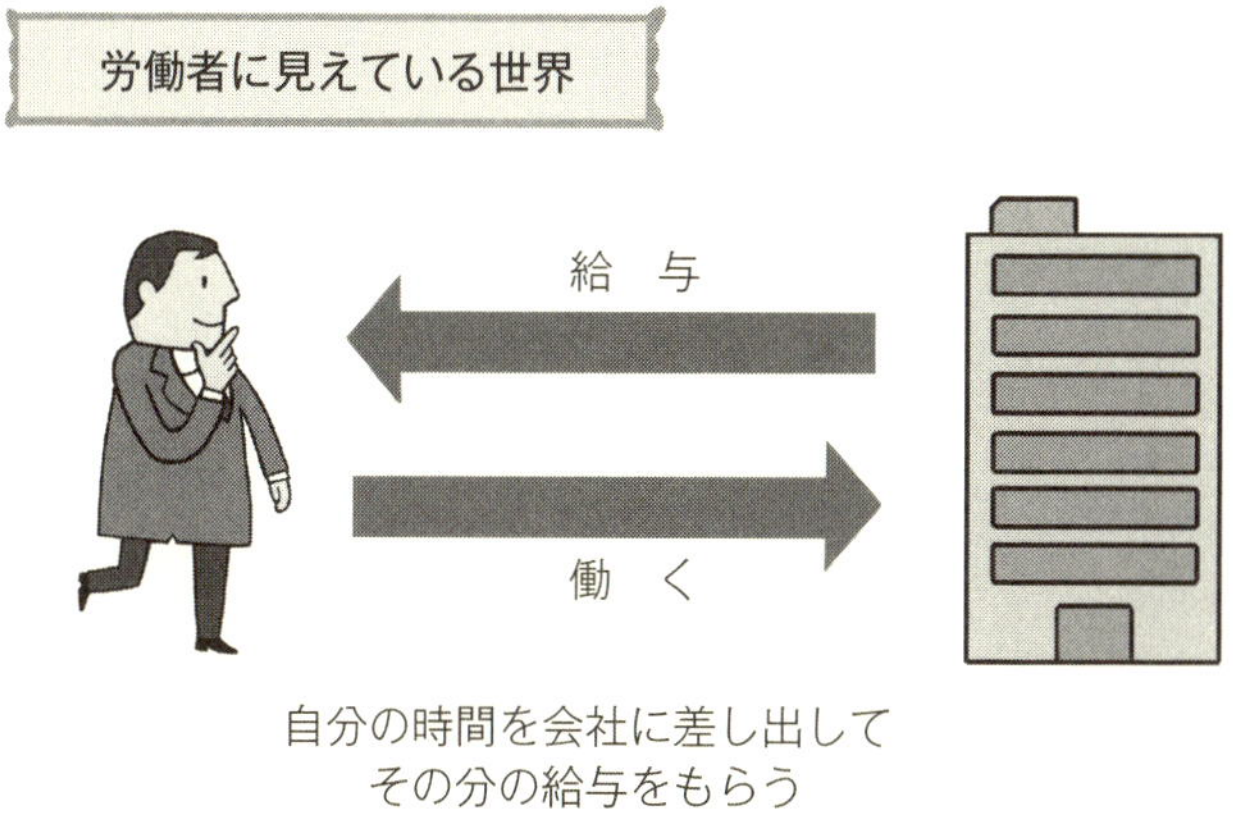
労働者に見えている世界
給　与
働　く
自分の時間を会社に差し出して
その分の給与をもらう

野村総合研究所と英オックスフォード大学との共同研究では、現存する職業の49％が今後10年から20年以内にＡＩに代行可能であるという結果を発表しています。

今ある職業の半分がなくなるということは、残った労働者でもう半分の職業を奪い合うことを意味します。そうなると、「選んでもらえる労働者になること」は今まで以上に競争率が高くなるでしょう。

そしてもう１つの「労働者から資本家になる」という道ですが、これは「自分の時間をお金と交換する」という行為をやめて、「お金で労働者の時間を買って利益を追求する」という考え方に切り替えるということです。

当然ながら雇われる側と雇う側とではルールや常識が全く異なります。いずれにしても労働による収入しか持たない人にとって、今まで以上に厳しい時代がやってくることは間違いないでしょう。

一生縮まらない経済格差

毎日、1食300円の牛丼やお弁当で食事を済ませる人達がいる一方、1食3万円以上するレストランで食事をしている人達もいます。その金額差は100倍以上。

都心のホテルでも、1泊3000円のビジネスホテルから、一泊10万円以上するような5つ星ホテルまであります。こちらも30倍以上の金額差となります。

ベトナムのダナンでは、街にあるレストランのフォーが1杯約40円であるのに対し、街から20分ほど車を走らせた5つ星ホテルでは1杯約2000円。

同じ食べ物であるにもかかわらず、その価格差はなんと50倍です。

ここでお伝えしたいことは、世の中には、「毎日1食300円の牛丼を食べ、月の家賃3万円のところに住んでいる人」がいる一方、そのすぐ隣に「1食3万円以上のレストランで食事をし、1泊10万円の高級ホテルに泊まっている人」がいるという事実です。

いったいなぜ、このような経済格差が生まれているのでしょうか。

フランスの経済学者であるトマ・ピケティが出版した『21世紀の資本』（日本語版、みすず書房）という本があります。完成までに15年の歳月が割かれた700ページ以上に及ぶ大作ですが、この本の結論は次の公式によって示されています。

r（資本収益率）＞g（生産成長率）

簡単に噛み砕いて説明するとこうなります。

「働いてもらえる給料の伸び率よりも、投資で得られる利益の伸び率のほうが高く、この差はどんどん広がって逆転することはない」

言い方を換えると「**働いているだけの人よりも、投資だけしている人のほうが経済的に豊かになれますよ**」ということです。

その背景として、テクノロジーの発展により人間の仕事がどんどん機械に取って代わられるという時代の流れがあります。例えば、タクシー

資本収益率と生産成長率

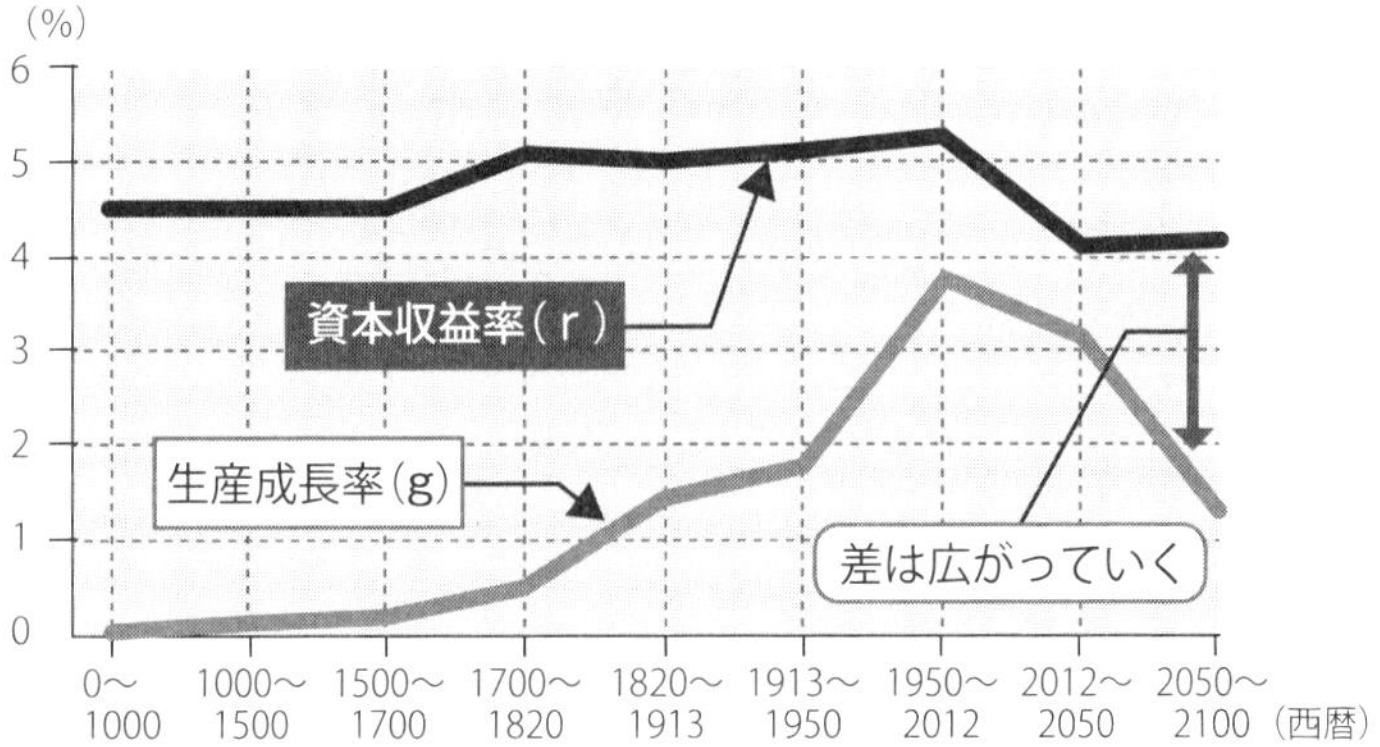

（出所：http://piketty.pse.ens.fr/fr/capital21c を参照）

という業種を例にとって、労働者と資本家の2つの視点から考えてみましょう。

- 労働者：タクシー運転手（g）
- 資本家：タクシー会社に投資をしている人（r）

労働者はタクシーを運転することによって給料をもらいます。

資本家はお金を出して経営者や運転手を雇い、タクシー会社に利益を出させることによって儲けます。

ここに自動運転技術が登場するとどうなるでしょうか。タクシー運転手からすると、自分の仕事が奪われてしまうのでたまったもんじゃありません。「完全自動運転はリスクが高い」とか「万が一何か起きた時の責任はどうするんだ！」と声をあげて必死で反対するでしょう。

ところが、資本家からすると「人間は給料も高く、何かあると権利を主張して面倒くさいし、

技術革新が進むとより格差が広がる

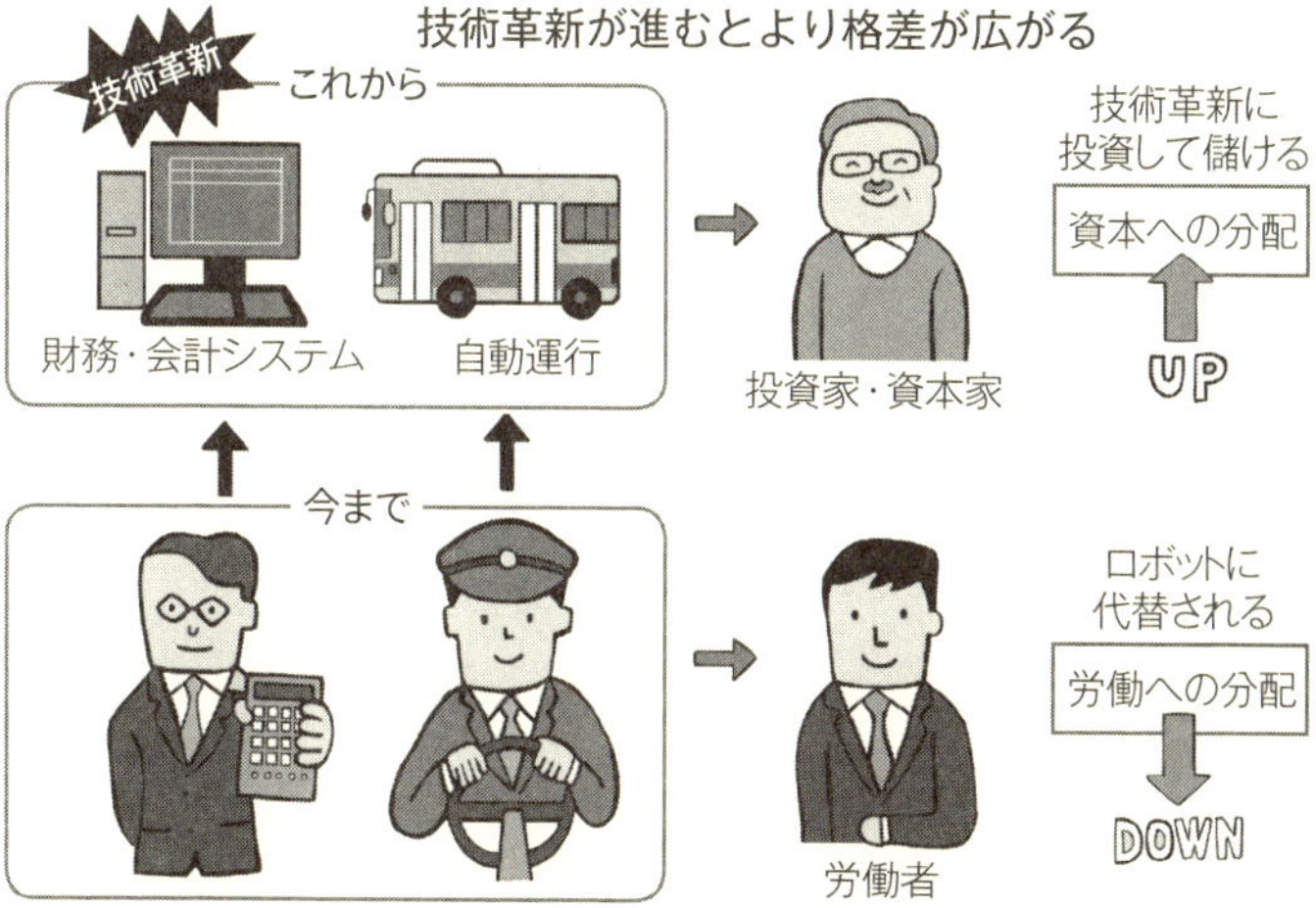

たまに問題も起こすから、導入コストが安いなら機械のほうが都合がよい」と考えるわけです。

「自動運転技術の普及」という同じ出来事でも、立場が違えば考え方も180度変わるのです。

結局どうなるかというと、最終決定権はお金を出している資本家が握っているので、タクシー運転手は給料が大きく下がるかクビになり、自動運転システムが導入されます。自動運転システムが導入されたタクシー会社は、経営が効率化され、収益率も高くなり、株価が上昇します。そして、労働者が職を失い食べていけなくなる一方、このタクシー会社の株を持っている資本家はさらに資産を増やしていくのです。

この流れはタクシー業界に限らず、すべての業界で今後起こっていくことでしょう。メーカーなどの製造ラインではすでに自動化が進んでいますし、医療分野でも最先端技術を使った医療機械が登場しています。さらには金融業界でも、トレーダーがクビになり、システムによるトレードを導入する流れになってきています。日本の金融機関でも大規模な人員削減が行われています。

いくら労働者として働いても得られる報酬はどんどん下がっていくので、経済的な自由を得たければ資本家のほうに自分自身をシフトしていく必要があるのです。

衣食住など、私達が日々の消費にお金を使う場は「実体経済」と呼ばれていますが、資本家が投資をしている世界（「金融経済」と呼ばれています）のお金の流通量は、実体経済の約10倍と言われています。

世界の富は1割の人によって9割が牛耳られているという話がありますが、実体経済と金融経済の規模の差や、投資をしている人口比率などを考えると、決して的外れな数字ではないように感じます。

今後「労働者」と「資本家」の貧富の差は今まで以上に広がっていくでしょう。この大きな時代の流れの中で、経済的に豊かになりたいと思ったら、「労働所得」だけではなく、投資をして「資本所得」を得るという選択肢は避けて通れない道になります。

あなたの給料の限界

会社勤めやアルバイトでお金を得ている労働者の給料は次の公式で表すことができます。

【労働者の公式】　労働者の給料＝時給×労働時間

給料を増やしたいと思ったら「時給を増やす」か「労働時間を増やす」、あるいはその両方を増やすしかありません。時給というのはスキル、能力、会社への貢献度などによって決まります。

優秀な労働者は自分の時給を上げようと、勉強したり、資格を取ったり、自己投資をしますが「労働者」という働き方は変わりません。自己投資をした結果、確かに時給は増えるかもしれませんが、労働者という立場が変わるわけではないので、もらえる時給にもやはり上限があります。労働時間を増やすという方法もありますが、人が使える時間は皆平等に1日24時間と決まっているため、こちらも上限があります。

一方で、資本家が使っている公式は労働者の公式とは全く異なります。彼らはもらえる報酬の上限が存在しない公式を使って「ビジネス」をしています。

【資本家の公式】　ビジネスの報酬 ＝ 相手に与えた喜びの量 × 喜ばせた相手の数

この公式では、報酬を増やそうと思ったら「相手に与える喜びの量を増やす」か「喜ばせる相手の数を増やす」ことになります。人によって喜びの感じ方は異なるため、喜びの量に上限はありません。また、喜ばせることのできる相手の数の上限は地球上に存在する全人類の数と同じになるので、こちらも実質上限はありません。

このように、「働くこと＝時間とお金を交換すること」と考える人と、「働くこと＝多くの人を喜ばせること」と考えている人とでは、報酬を得るための手段も、得られる報酬の桁も全く違うものになります。

もし今の自分の給料のリミッターを外したいのであれば、労働者の公式ではなく、資本家の公式を用いて、「多くの人を喜ばせること」を目的とした働き方に変える必要があります。

例えば、上限のないタイプのビジネスとして代表的なのがインターネット企業です。

インターネットの普及によって、ワンクリックで世界中に瞬時にサービスを公開できる時代になりました。こうした時代では、世界中にいる人々に使ってもらえるサービスを提供することができれば、あっという間に億万長者になってしまいます。

一方で、お客さんの数は多くないけれど、与える喜びの上限がない職種も存在します。資産を運用するファンドマネージャーや企業の訴訟を扱う弁護士などがその例です。

自営業者や経営者でも「労働者の公式」を用いた働き方をしている人を見かけますが、「喜ばせることのできる人数」に上限がある仕事は、得られる報酬にも上限があります。

報酬の上限を外したければ、喜ばせることのできる人数の上限をなくすか、1人のお客さんに与える喜びの上限がなくなる仕組みに変える必要があるのです。

多くの人を喜ばせる仕組みを作って大成功した美容師がいます。

毎日髪を切っても切っても給料が増えないので、「このままじゃダメだ」と、自分のカットのノウハウをマニュアル化して、誰でも同じようなレベルのサービスを提供できる仕組みを作りました。

その結果、店舗数をどんどん増やすことに成功し、喜ばせる人の数も桁違いに増え、大きな富を手にすることができました。そして彼が作った「仕組み」は、今日も日本全国で多くの人に理想のヘアスタイルを提供し、人々に喜びを与え続けています。それが、日本全国各地に展開している美容室グループの「ＥＡＲＴＨ」です。

投資とは、有能な人に便乗すること

「働きたくないけどお金は欲しい」を実現するためには、誰かが喜んでくれる「価値」を生み出す必要があるという話をしました。しかし、この「価値」は必ずしもあなたが自分自身で生み出す必要はありません。

「他人が生み出した価値に便乗できるようにした仕組み」これこそが人類最大の発明の1つでもある「投資」なのです。

「価値を生み出す能力のある人」「すでに価値を生み出している会社」「みんなが喜ぶ仕組み」などに投資をすることで、その恩恵に便乗できてしまうのです。

しかし、すでに成功している商品や、これから成功しそうなサービスに便乗することはそこまで難しくありません。

例えば、おいしい料理のレストランを運営していてグングン業績を伸ばしている会社の株を持つことで、そのレストランが出す利益の一部をもらうことができます。また、その後も多くの人がその会社の株を買いたいと思えば、株価もどんどん上昇していきます。

その間あなたが寝ていただけだとしても、そのレストランの経営者や従業員があなたの代わりに働いて価値を生み出し、お金を稼いでくれるのです。


これが「株式投資」です。

自分の能力には限りがあるかもしれませんが、高い能力を持つ人が経営する会社に投資をすることで、その人の能力を使うことができます。

自分の時間にも限りがありますが、優秀な従業員がいる会社に投資をすることで、彼らの時間を使うことができます。

他者の能力や、他者の時間を使ってお金を稼いできてもらう。まさに投資とは「(有能な)他者に便乗」することにほかならないのです。


このように考えると、「世の中に価値提供できている会社」に投資をするという本質さえ間違えなければ、プラスの期待で資産を増やすことができるでしょう。

「世の中に価値提供できている会社」とは、あなた自身がよく使う商品やサービスを提供している会社や、あなたが欲しいと思う商品・サービスを提供している会社です。または、あなたの身の周りの人が欲しいと思っている商品・サービスを提供している会社です。

不労所得2つの方法

1. あなたが生み出した価値を世の中に提供する

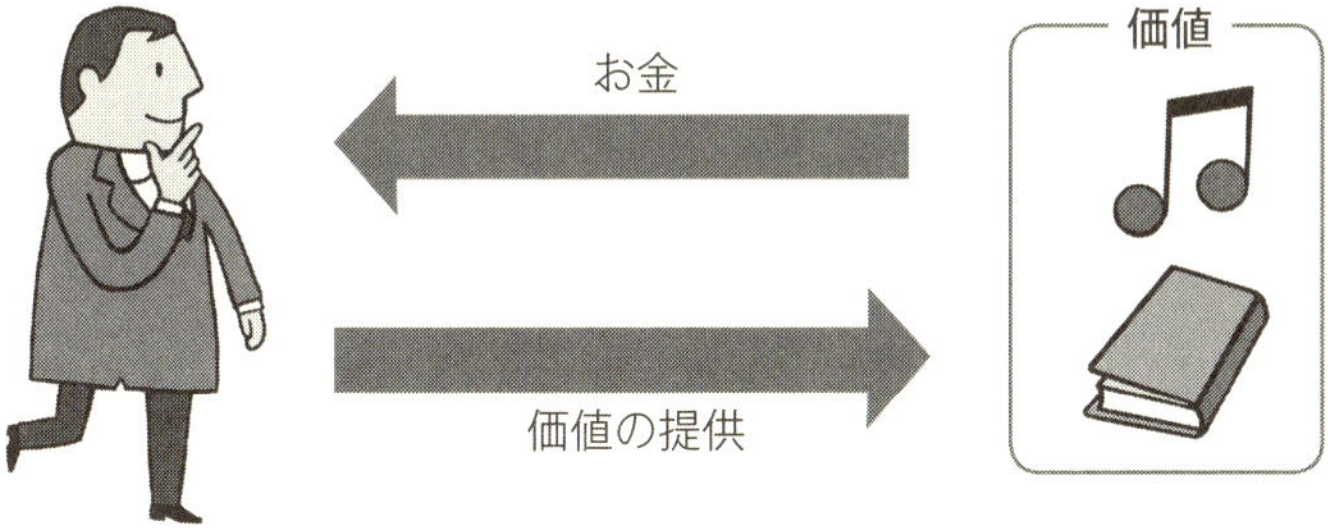

2. あなたが投資した会社が価値を生み出す

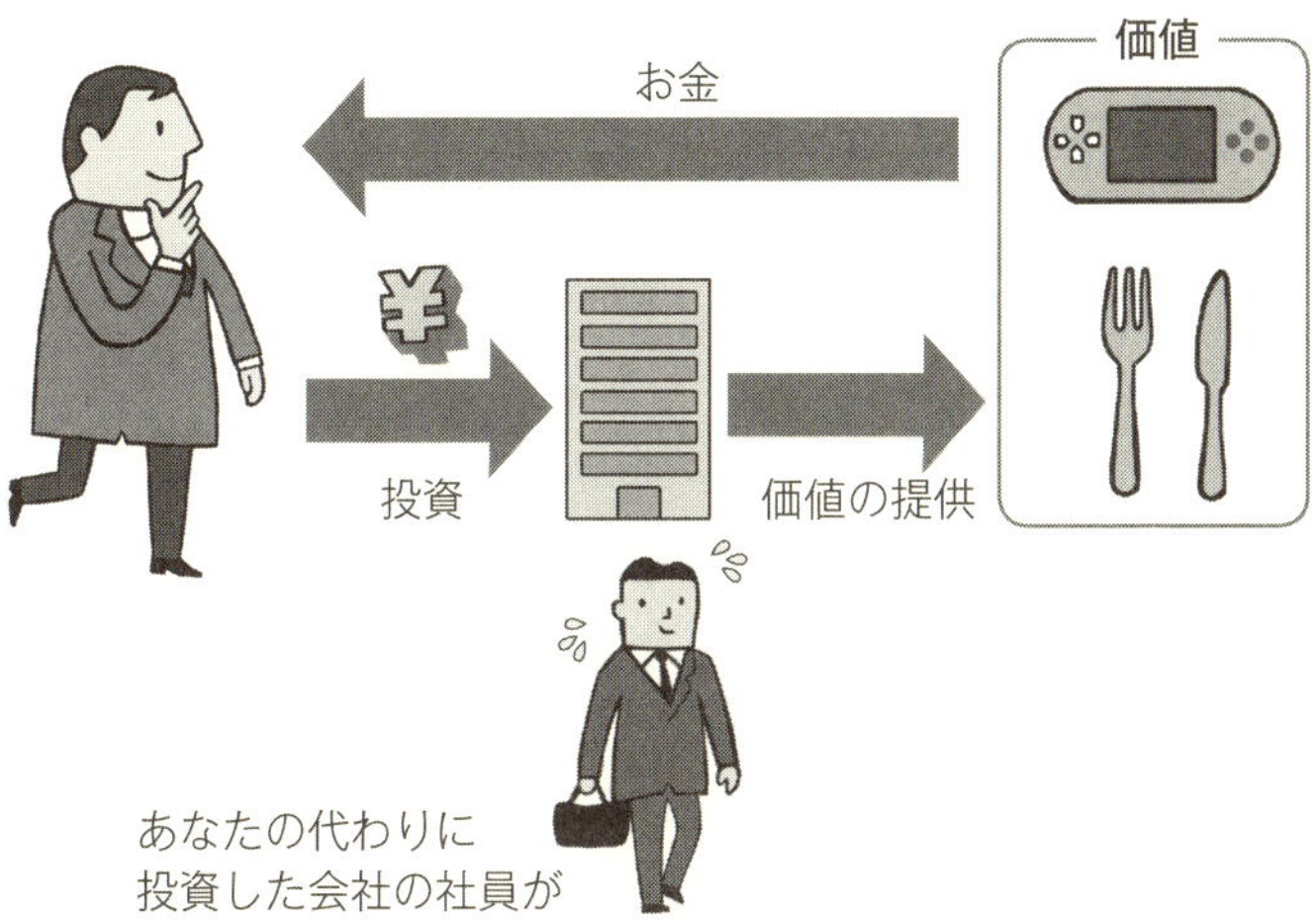

投資で大切なのは株を探すことでもなければ、パソコンの画面に張り付いてチャートを監視し続けることでもありません。**「世の中の流れ」を見る**ことです。

「労働者」から「資本家」になるために、その最初の一歩として「他人に便乗する」投資であれば、今すぐに始めることができます。

投資はおじさんがするもの？

証券会社の主催する投資セミナーに行くと、参加者の年齢層が高く驚かされることがあります。

一般的にも「投資はおじさんがするもの」というイメージがあると思いますが、投資家の年齢分布を見ると、このイメージは間違っていないことがわかります。

この図を見ると、日本の20～30代の投資家は全体の8％しかいなく、50歳以上の投資家が全体の76％を占めています。そして、今後も超高齢化社会によって高齢者の投資家はどんどん増えていくでしょう。

しかし、投資家の年齢層が高いということは、少

日本の個人投資家の年齢層

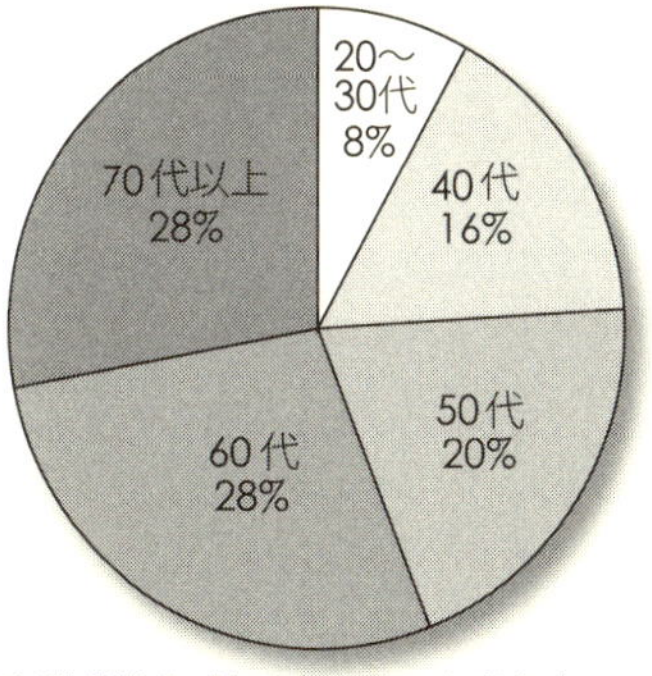

（日本証券業協会「個人投資家の証券投資に関する意識調査」平成29年10月17日より）

数派である20～30代の若い投資家に大きなチャンスがあるということでもあります。高齢者に比べて若い人達のほうが間違いなく世の中の変化や流行などに敏感です。そして、そんな変化や流行から得られる情報が、じつはどんな投資情報よりも価値があるのです。

パズドラというスマホゲームが爆発的に流行った時期がありました。

当時は、電車に乗るとみんながスマートフォンを片手に同じゲームで遊んでいました。結果的に、このパズドラというゲームを作ったガンホー・オンライン・エンターテイメントという会社の株価は1年で100倍以上に化けました。

では、このゲームが大ヒットしているという情報は、高齢者の投資家と若い投資家を比べた時、果たしてどちらがより早くキャッチできていたでしょうか。

おそらく高齢者の投資家はこの情報を、株価がすでに動いた後にニュース、日経新聞、株の情報誌などで知ります。また、自分で実際に遊んでいないので、なぜヒットしているのかわかりません。

それに対して、若い投資家は実際に友人がこのゲームで遊んでいるのを見たり、自分で遊んだりしてこの情報を知ります。情報源が一次情報なので、そのゲームがどのくらいヒットしているのかが肌感覚でわかるのです。

スマホのゲームはApp StoreやGoogle playなどで売上ランキングがリアルタイムで公

開されています。このランキングを分析することで、会社の決算発表前におおよそのゲーム の売上を予測することも可能でした。当時、これに気づいていた投資家はゲーム関連の株で大きな利益を得ています。

ミクシィの「モンスターストライク」（1年で32倍）や、任天堂の「ポケモンGO」（2週間で2倍）でもスマホゲームがヒットして、株価が急上昇するという現象が繰り返されました。当然ながらパズドラで儲けた投資家は、そのあとの波にも同じように乗って大きく資産を増やしています。

もちろん、ゲームだけでなく、一般消費者がキャッチできる情報はほかにも多くあります。

「新しくできた立ち食いステーキ屋に行列ができていて、実際に食べてみたら値段の割に美味しかった。その立ち食いステーキ屋を運営している会社の株を買ったら、9か月で13倍以上に」

「ぜい肉のついた体がたった2か月で引き締まるというテレビCMを見た。『結果にコミット』というフレーズで広告を展開していたので面白いと思い株を買ったら、半年で7倍に」

「勉強嫌いの息子を塾に入れたら、いつの間にか勉強することが好きになり、塾に行くことが楽しみになっていた。その塾の株を買ったら、大きく業績が伸びて株価も5か月で4倍に」

このように身の周りの出来事をきっかけに、投資をして資産を増やした例はたくさんあります。

投資は、世の中の流れや流行をキャッチして、それに便乗する行為でもあるのです。情報をキャッチするタイミングが少し遅いだけで、大きな利益を得るチャンスを逃してしまうことになるので、早いタイミングで情報をキャッチできることは、若い投資家にとって非常に大きなアドバンテージになります。

投資を始めるタイミング

「投資に興味はあるけれど、始めるタイミングがわからない」という人も多いですが、投資を始めるタイミングは「今」です。

投資というものは時間をかけて資産を増やしていくものです。

その性質上、時間軸が長ければ長いほど資産も大きく増えていきます。

ならば、可能な限り若いうちに始めたほうが有利ということになります。

誰にとっても人生で一番若い瞬間というのはまさに「今」なのです。

多くの人が死ぬ間際に「もっと冒険をしておけばよかった」と後悔するそうですが、最大のリスクは何もしないことです。何事もそうですが、「今」できない言い訳を並べる時間があるなら、実際に始めてしまったほうが断然よいでしょう。また、「仕事が忙しくて投資ができない」という人もいますが、仕事が忙しい人ほど投資をすべきです。

仕事はあなたの時間とお金を交換する行為ですが、投資は他の人の時間を使ってお金を生み出します。

1日10分程度の時間で、会社員をやりながら自分の年収よりも稼いでいる人もいます。忙しい人ほど、なるべく早く他人の時間を使うという発想に切り替えたほうがよいでしょう。

また、「投資はちゃんと勉強してからやりたい」と考える人もいるかもしれませんが、残念ながら「準備万端になる日」は一生やってきません。

投資は実際に自分でやりながら勉強するのがベストな方法なのです。実際の相場から学ぶことは非常に多く、どんなベテラン投資家でも常に相場から学び続けています。

最初の投資金額ですが、少額からで全く問題ありません。上場企業の株式の約20％が10万円以下で購入することができますので、その中から良さそうな銘柄を探してみてもいいでしょう。

投資は「％」の世界です。すでにあるものを増やしていくのを得意とします。10万円を20万円にするのも、100万円を200万円にするのも労力はさほど変わりません。少額からスタートした場合、当然出る利益も少額になります。そこだけにフォーカスすると、「アルバイトのほうが効率よく稼げる」と思うかもしれませんが、少額でしっかりと経験を積むことは、大きな金額になった時に冷静に判断するためにも必要なプロセスなのです。

初心者がいきなり大きな金額を投入することはオススメしません。投資で大きく儲けるためには必ず経験が必要なので、最初は少ない金額から始めて慣れてきたら少しずつ増やしていきましょう。

1割の金持ちが9割のお金を握る

世界有数の金融機関であるクレディ・スイスの調査によると、世界の成人人口の半数の貧しい人は、世界中のお金の1％も持っておらず、逆に最も裕福な10％の人が世界のお金の約88％を保有しているそうです。

これはクラスに10人いるうちの1人が9割のお金を持っていて、残りの1割のお金を9人で分け合っているのと同じ状況です。

当然、日本にもこういった経済格差はあります。

次の図を見ると、60歳以上の高齢者の平均貯蓄額が2400万円あるのに対して、30歳未満の平均貯蓄額は255万円とその差は約10倍です。

これを見る限り、日本という国では、高齢者がお金を牛耳っていることがわかります。

では、お金を持っている高齢者が全員死んだ後は、若い世代にもお金が回ってくるのでしょうか？

残念ながら現実はそう単純なものではありません。

日本の平均寿命は84歳と年々順調に伸びていますが、彼らが死んだ時の葬儀の主催者である喪主の平均年齢は67歳というデータが出ています。つまり、80代で死んだ高齢者のお金は60代の高齢者に相続されているのです。

これは結局のところ、60歳以上の高齢者の間でお金がグルグルと循環しているだけで、若い世代には全く回っていないということです。そしてこの流れは、超高齢化社会の進む日本でさらに加速していくでしょう。

その一方で、若い世代の負担する所得税、健康保険料、年金、社会保障費はどんどん増えています。

このような状態になってしまったのは、日本の政治が高齢者の意見を反映する仕組みになっているからです。

世帯主の年齢階級別１世帯当たりの平均貯蓄額

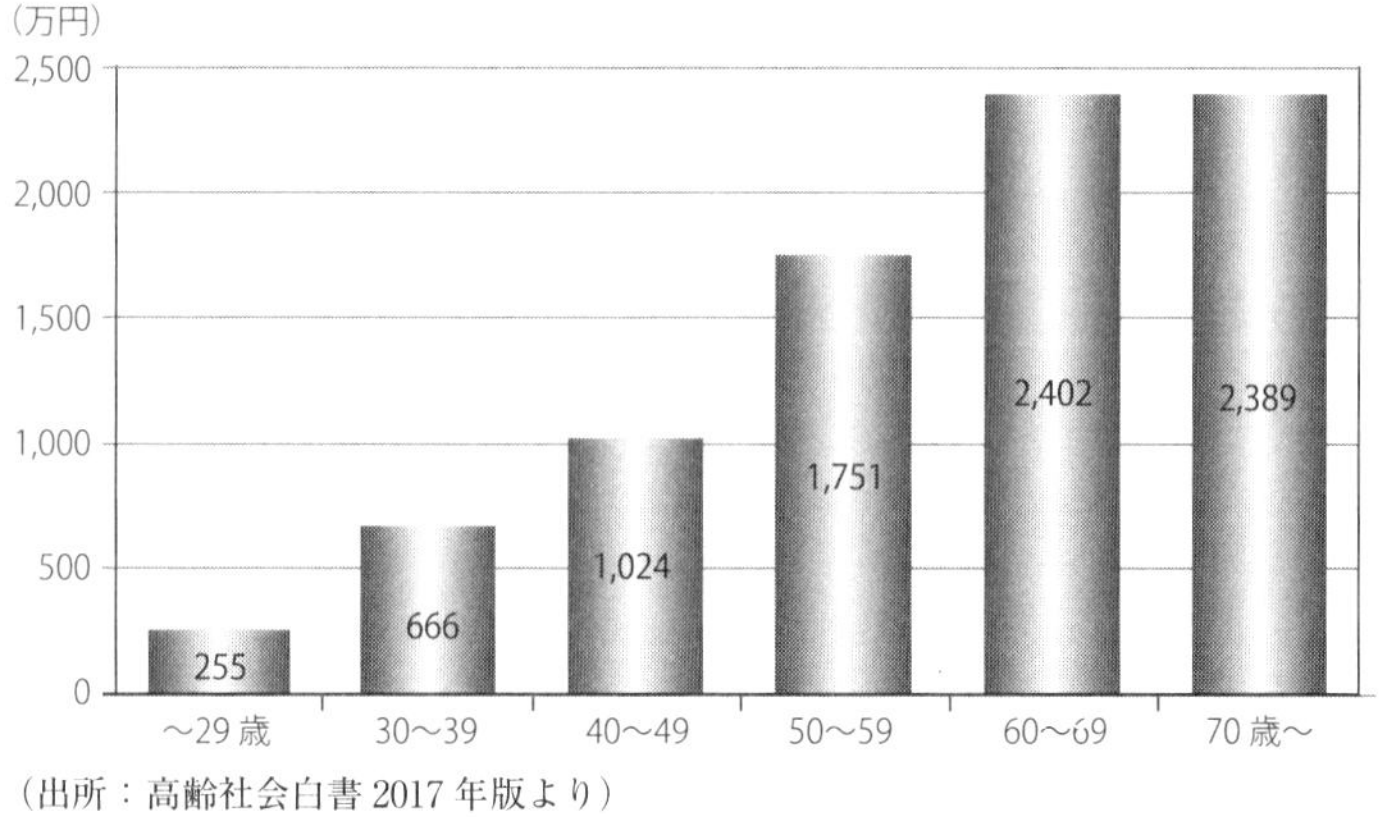

（出所：高齢社会白書 2017 年版より）

日本の若者はそもそも選挙に行きません。そうすると、選挙の投票において高齢者の影響が強くなり、法律や制度は高齢者に有利なものになるのです。

今後も移民などを受け入れない限り、日本人の若者と高齢者の数の開きは時間の経過とともにより一層大きくなっていくでしょう。

そして、民主主義の国ではどうしても多数派の力が強くなります。

政治家も自分に票が入らず落選してしまうと食いっぱぐれてしまうので、より選挙の場で権力を持っている高齢者に有利な政策をやろうとするのは至極当然の流れなのです。

もし、仮に選挙の投票数において、若

日本の人口ピラミッド

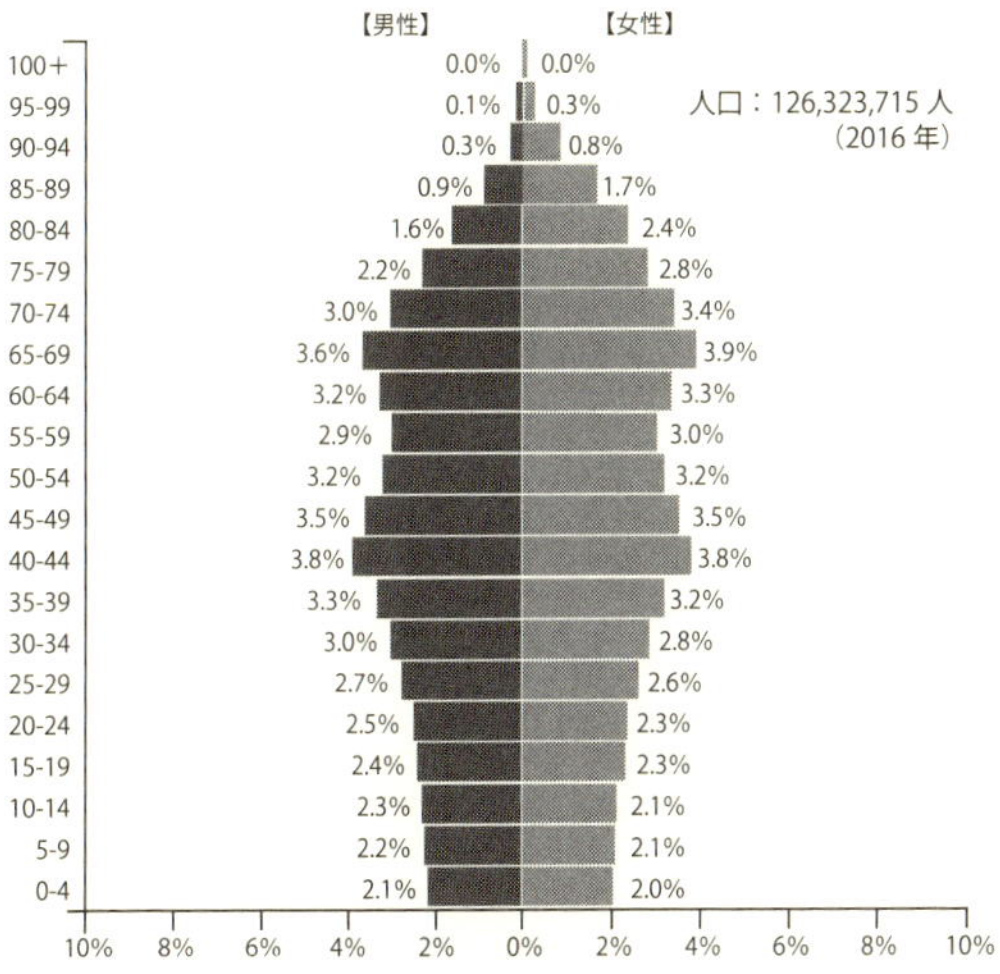

（出所：PopulationPyramid net. より）

者のほうが力を持つことができれば、日本の政策も、若者に有利なものが増えるでしょう。

これは人口分布が日本と真逆であるインドですでに実証されています。

インドでは若者の得票数が多いため、彼らにとってプラスの政策が多く整備されています。インド第18代首相になったモディ首相の元では、キャッシュレスの社会構築が大きな政策の1つとして挙げられています。

脱税・汚職等を原資とする裏金の一掃と、キャッシュレス社会を実現するために、政府は紙幣を廃止し、生体認証による電子決済プラットフォームの導入を進めています。

インドの人口ピラミッド

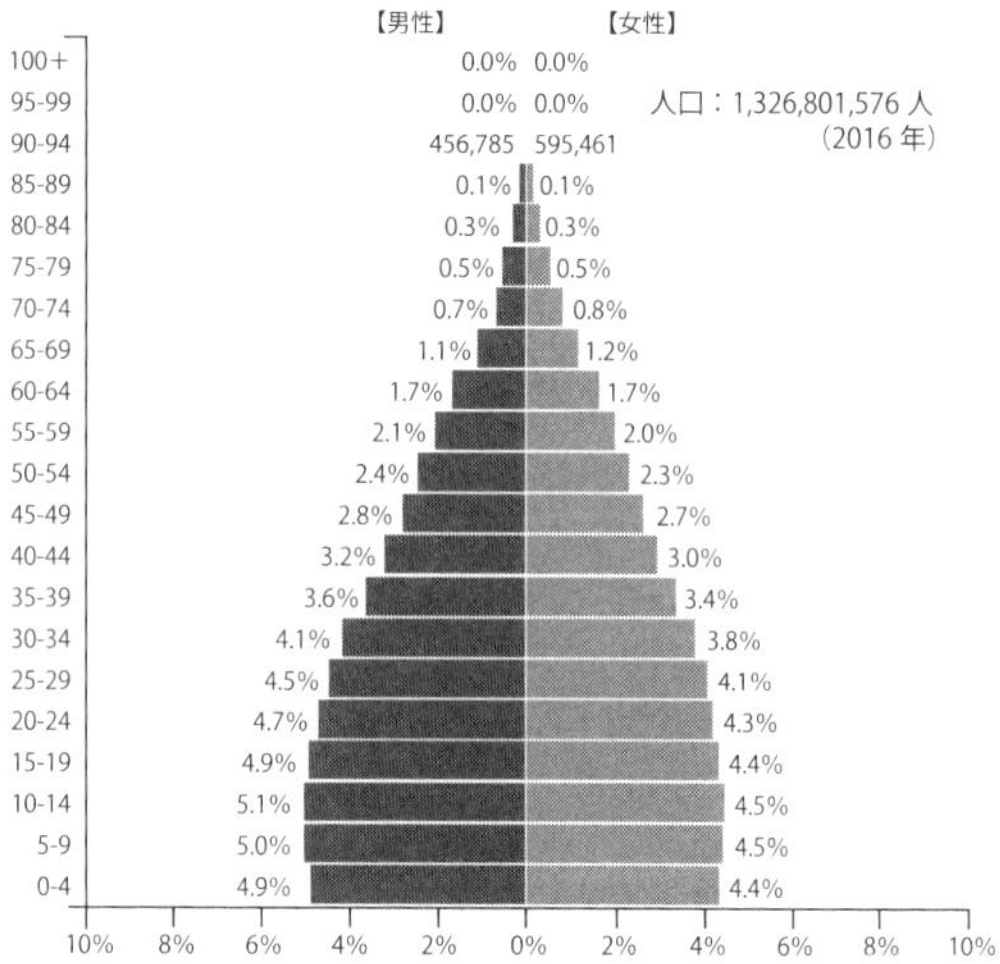

（出所：PopulationPyramid net.より）

もし、この政策を日本でやろうとしたら、利害関係の対立する高齢者（有権者）から猛反対を受けてなかなか実現しないのは目に見えています。

日本の人口ピラミッドと政治の仕組みを考えると、日本で若者にとって有利な政策が行われることはまずないと思ったほうがよいでしょう。

このような時代だからこそ、会社や国に頼るのではなく、自分でしっかりと生きていく術を身につける必要があるのです。

自分の器を広げることがお金持ちへの近道

これは面白い現象ですが、「お金にはあまり興味がない」とか「お金はそれほど大切でない」と言っている人に限って大抵お金に困っています。

そして、そういった人ほどじつはお金にものすごく執着しているのです。

お金に執着しているというのは、「持っているお金がなくなること」に対して耐えられない苦痛を感じるということです。

もちろん、投資で損をしたり、持っているお金が盗まれたりしたら、誰だって嫌です。

しかし、お金に執着していない人は、たとえお金を盗まれたとしても「まぁこれも勉強代だ」といって、その状況自体を楽しんでしまいます。

そして、お金を失ったことをバネに仕事を頑張ったり、同じ過ちを犯さないようにしたりとプラスのエネルギーに換えることができます。

一方で、お金に執着している人は、お金を盗まれたりしたらもう大騒ぎです。居ても立ってもいられず、失ったお金を一部でも取り戻そうと躍起になります。

そして他人に責任を押しつけ感情に任せて騒ぎまくります。どれだけ自分の時間を使ったとしても、自分の時間よりも失ったお金を取り戻すほうが彼らにとっては大切なのです。

お金に執着のない人達から見ると、「そんな時間があったら自分で稼いだほうが早いのに」とか「そのエネルギーをもう少し別の方向に向ければいいのに」と思います。

しかし、彼らはお金を失った時の行動によって、自分の器の小ささが露見していることに気がつきません。そしてお金に執着のない人達は、彼らに見切りをつけ距離を置くようになります。

こうやってお金に執着する人達と、お金に執着しない人達との間の溝はどんどん広がっていきます。

そうして、その溝の深さに比例して、だんだんと経済格差も広がっていきます。

お金に執着している人ほど経済的成功から遠ざかっていき、お金に執着しない人ほど経済的成功を収めているのはなんとも皮肉な話です。

また、人は自分の器以上のお金を持ち続けることはできません。

もし自分の手元にお金が残らないとしたら「お金を扱う器」がまだ小さいからです。

宝くじの高額当選者の7割が5年以内に破産すると言われているのも、「器が小さいまま大金を持ってしまった」ことが原因です。

お金を正しく扱う器がないがために、当選金で豪華な贅沢品を買いあさり、生活も急に派手になります。

自分で投資をするという発想はなく、他人が持ってきた「おいしい投資話」によくわからないままお金を出して騙されてしまいます。

お金がある時にニコニコしながら寄ってくる人は、お金がなくなるのとともに去っていきます。そして最後には、何も残らないか、場合によっては借金だけが残ります。

お金の器が小さいままお金を持つことは、お金がない状態以上に不幸になってしまう可能性すら秘めているのです。


仮想通貨への投資で思わぬ大金を手にした人も増えていますが、彼らも宝くじに当選した人と同様、「お金を正しく扱う器」がなければ、数年後には全くお金が残っていない状態になりかねません。

お金の器が小さければ、どれだけの大金を手にしても、どれだけ稼いでもあっという間になくなってしまうのです。

知人で自身の会社を売却して手元に十数億の現金を手にした人がいます。その人はあからさまな浪費はしなかったものの、勘でFXをやったり、人にお金を預けて投資をした結果、3年で十数億をきれいに溶かした上に、2億円の借金まで抱えてしまいました。

よくよく話を聞くと、「大金を銀行に預けておくよりも、投資をしなきゃと思いFXを始めた」と言います。FXの仕組みもよくわからないまま、自分の勘だけで1時間で1億円得したり損したりするようなトレードをしていたのです。また、同時に知人から勧められた投資話によくわからないまま乗ってしまい、これもまた数億円騙されたとのことです。

一般的には「投資はお金持ちがやるもの」というイメージがありますが、偶然大金を手にしてしまった人が「お金の器」が小さいままの状態で投資をやると、必ずと言ってよいほど大損します。

人は、自分の器以上のお金を持ち続けることはできないのです。

しかし、自分の器さえ広げることができればお金は自然と入ってくるようになります。イメージとしては、時々お金が降ってくる世界でお盆を持っているようなシーンです。いつどこにお金が降ってくるかはわかりませんが、このお盆の器が大きければ大きいほど多くのお金をキャッチすることができます。逆にお盆が小さければ、偶然そこに大量のお金が降ってきてもキャッチしきれずに溢れてしまいます。

一見遠回りのように見えますが、お金や投資についてきちんと学び、お金を扱う器を大きくすることが、多くのお金を手元に残す一番の近道なのです。

第2章
お金持ちの方程式

お金持ちだけが知っている資産形成の方程式

第2章では、「お金持ちの方程式」を紹介します。

お金持ちになるためのすべてが、この方程式で100％説明できてしまう優れものです。


【公式】資産形成＝収入－支出＋資産×利回り

お金を増やすために必要なことは一切の漏れなく、この式ですべて完結しています。

もう少しわかりやすいように図で考えてみましょう。

まず「収入」という山からお金が流れてきて、「資産」という池に溜まります。そして、この資産という池から「支出」の川にお金が流れていくイメージです。

この池に溜まった資産を増加させる装置が投資における「利回り」です。

多くの人は山からの収入に目が行ってしまい、池の横にあるこの資産増加装置に気がつきません。

逆に、ここに気がついた人だけが、投資という手段をフル活用させることができます。
この図からわかるように、お金を増やすための方法は3つしかありません。

1．収入を増やす
2．支出を減らす
3．資産の利回りを高くする

世の中に存在する「お金を増やすこと」に関する本は、すべてこの3つのいずれかを解説しているものになります。

それぞれの中身をもう少し詳しく見ていきましょう。

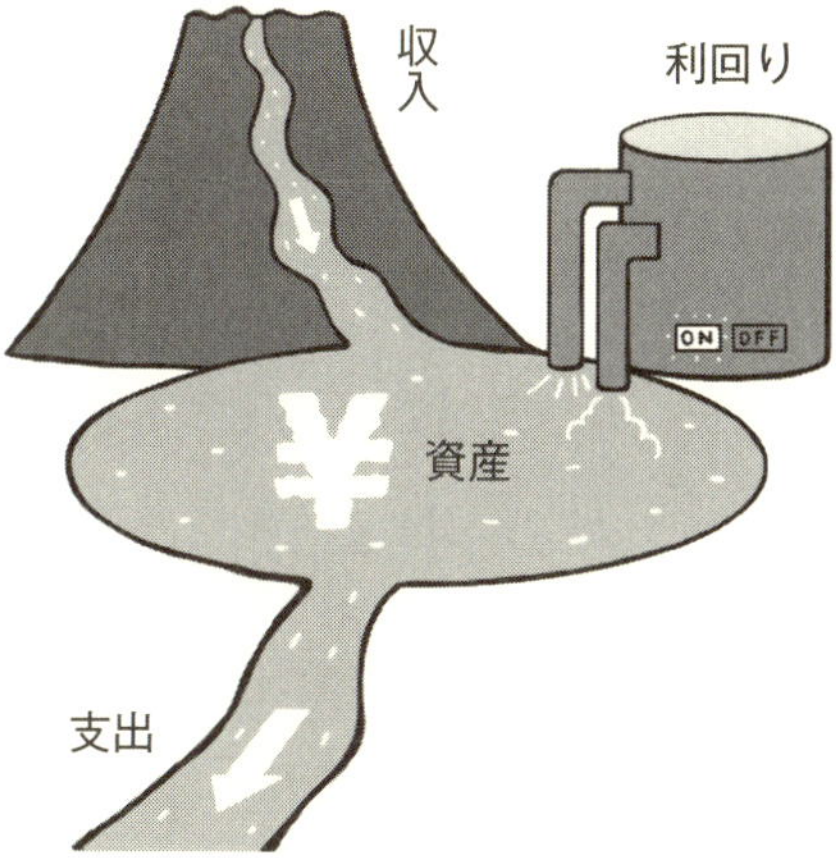

多くの会社員にとって、収入＝給料です。

日本では源泉徴収という仕組みによって、この給料という山から池に水が入る前に税務署が入って税金を先に取っていきます（実際にはその業務を会社がやっています）。税金を引かれた後に残ったお金はようやくあなたの池に流れ込んできます。

池に流れ込んだお金はあなたの資産となります。これは銀行に預けているお金やあなたの財布に入っているお金、へソクリなどをすべて足し合わせたものです。あなたが投資をしていなければ、池の横にある資産増加装置は存在しません。


そして支出ですが、これは3つの川に分類されます。

1. 浪費の川
2. 消費の川
3. 投資の川

浪費の川は、無駄なお金が出ていく川です。この川に続く水門にはダムを作ってお金をせき止めましょう。完全に止めることは難しいかもしれませんが、日々のちょっとした無駄をなくすだけでも、池の水の減少を食い止めることができるはずです。

消費の川は、毎日の食事、交通費、家賃など、生きていくために必要なお金が出ていく川です。この川に流れる水門を無理に閉じようとしてしまうと、体調を崩したり仕事に支障が出たりするので気をつけてください。衣食住の最低限の支出は必須です。

投資の川は、本を買って読む、ジムに行く、仕事の環境を整えるなど、将来あなたの元へ増えて戻ってくるお金が出ていく川です。

この川の水門は全開にしましょう。この川にお金を流して池のお金が減ってしまっても、将来あなたの元に戻ってきます。

一般的な会社員は支出の川に3つの種類があることを認識しないまま、消費や投資の必要な支出と一緒に無駄な浪費という支出も川に垂れ流しています。

多くの人が収入を増やせば、お金の問題は解決すると信じています。しかし、この図からわかるように、収入が増えても自分の財布に入る前に税務署が待ちかまえています。さらに日本は累進課税なので、稼げば稼ぐほど税率も高くなります。あなたが一生懸命働いて給料を増やした結果、誰が一番儲かるかというと、じつは日本という国なのです。

給料が増えるとそれに比例して支出も増えていきます。「一生懸命頑張って給料が増えたのだからこのくらいいいだろう」と、もっといい家に住んだり、もっといい車に乗ったりします。付き合いも増えて、支出の川の流れも大きくなり、池から垂れ流されるお金の量も増えます。つまり、給料が増えたところで、流れる水量が増えるだけで、最初と何も状況は変わらないのです。

ここで、少し賢い人は「節税のために会社を作ろう」という発想をします。

全く同じ仕事をしていて同じ給料をもらっていても、それを会社員としてもらっているのか、それとも事業者（法人代表者や個人事業主）としてもらっているのかによって、税務署の立つ場所が違うのです。

それでは、自分で事業をやっている人達のお金の流れを見てみましょう。

図からわかるように、会社員の場合は山と池の間に税務署が立っていましたが、事業者になると1年ごとに池に増えたお金の量を見て、そこから税金を取っていきます。

「節税のために会社を作る」というのは、最終的に増えたお金に対して税金がかかるため、たくさん経費を使えば節税になるという意味です。極端な話、毎年の収入と同じだけ経費を使っていれば利益はゼロになるので、税金はかかりません（事業経費として認められる支出かどうかという議論はありますが、ここでは割愛します）。

しかし、いざ法人を作って節税してみても、問題は解決するどころか、逆に悪化します。なぜなら、池に残ったお金から税金が持っていかれるので、今度は「税金を払うくらいなら全部使っちゃおう！」という人が増えるからです。

その結果、節税してお金を残すために法人化したはずが、ここでも収入に比例して支出が増え、結局池にお金は貯まりません。

こうして、池の横にある資産増加装置に気がつかない人達は、「いつまで経ってもお金が池に貯まらない」というジレンマにずっと悩まされることになります。

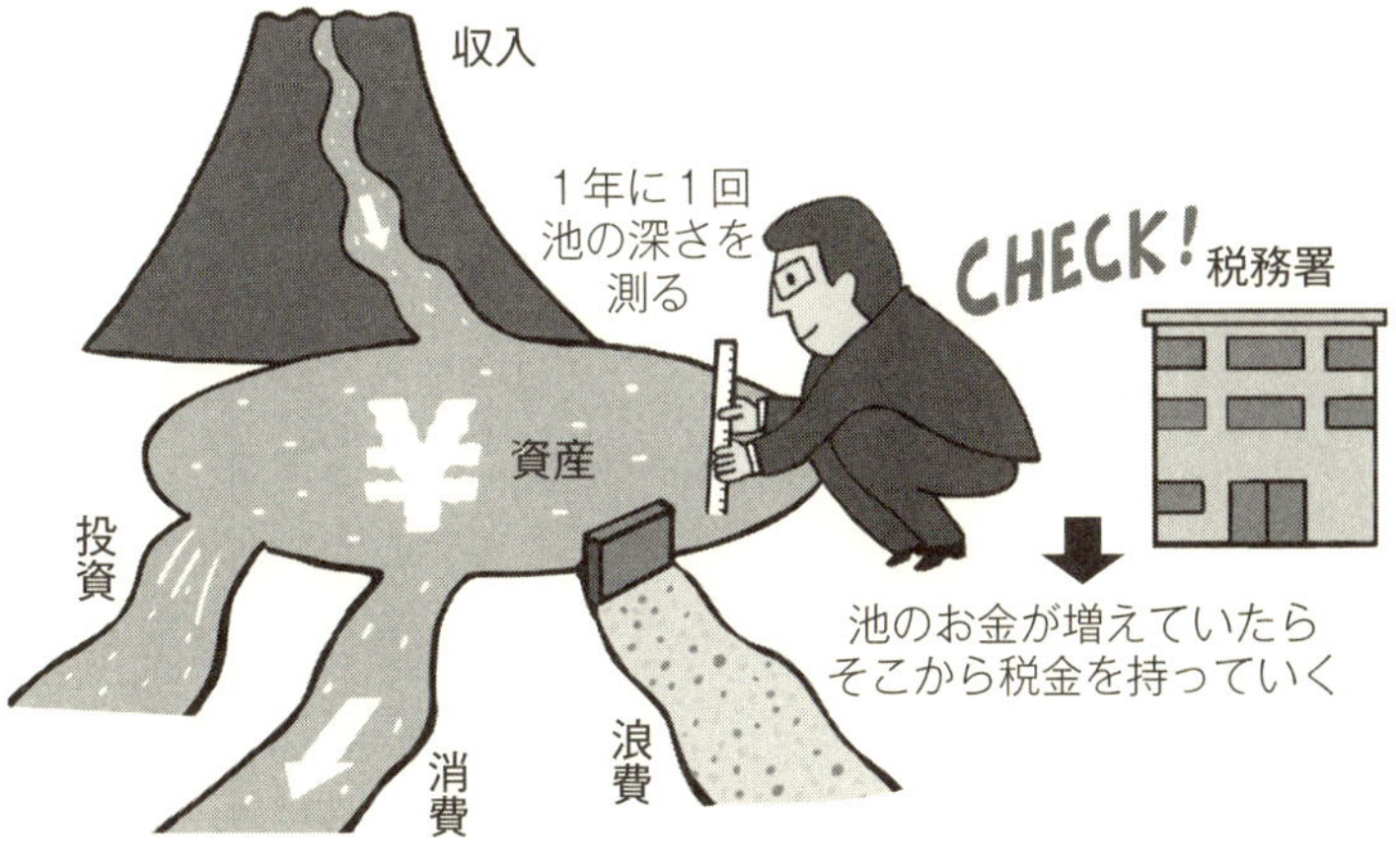

お金のやる気スイッチはどこにある?

それでは、いよいよ資産増加装置の出番です。

池の横にある資産増加装置に付いている「スイッチ」を入れてみましょう。

この資産加装置は池に貯まっているお金を吸い上げて、そのお金を増やして池に戻してくれます。ここで増えたお金にも税金はかかりますが、資産増加装置を使って増えたお金はルールが異なり、税率が低くなります。日本では約20%ですが、香港やシンガポールのような無税の国もあります。

日本人の富裕層の移住先として香港やシンガポールが人気なのはこうした税制が背景にあるのです。

この資産増加装置の正体こそが、何を隠そう「投資」です。

投資を覚えると給料とは別のところで、資産を効率よく増やすことができます。また、資産が増えれば増えるほど、資産増加装置が吸い上げるお金も増え、利益も大きくなります。

投資で増えた分のお金を支出に使わず池の中に貯めておけば、そのお金で再投資することができ、さらに効率よくお金は増えていきます（これがいわゆる複利です）。

このように、投資を覚え、お金を増やしていけば、やがて支出よりも資産増加装置によって生み出されるお金のほうが多くなります。そうなれば、たとえ仕事を辞めて山からお金が流れて来なくなったとしても、生活できなくなる心配はありません。これがいわゆるラットレースから抜け出した状態です。

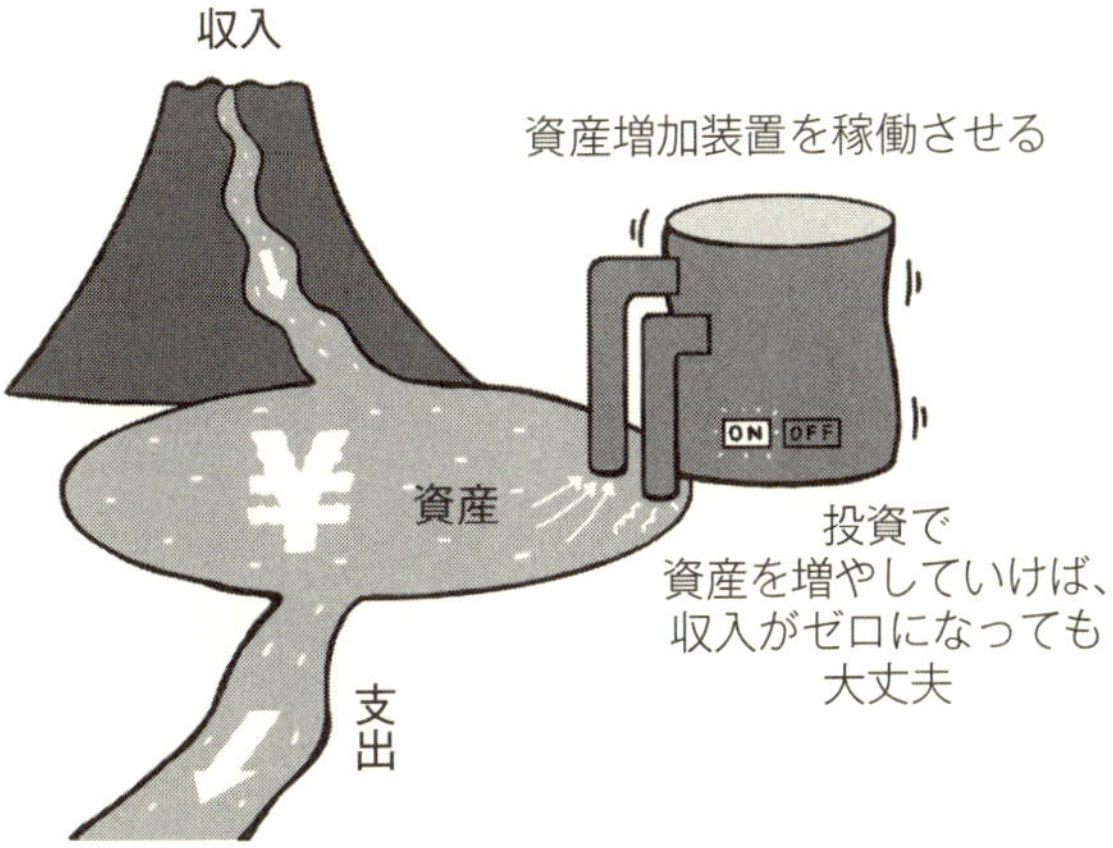

次に、理想的なお金のフローについて説明しましょう。

まずは投資で、資産の運用利回りを上げます。

次に労働所得を減らし、不労所得やセミ不労所得を増やすことに専念します。

そして最終的に、複数の収入の山を持ち、かつ投資でも安定して利益が上げられている状態が理想となります。

一度この状態を完成させてさえしまえば、よほどのことがない限りあなたの資産は増え続けます。

労働所得、不労所得、投資による収入の3本柱があれば、どれか1つがうまくいかない場合でも、十分に乗り切ることができます。これからの時代の生活防衛には、こういう考え方が必須になります。

理想的なお金の流れ

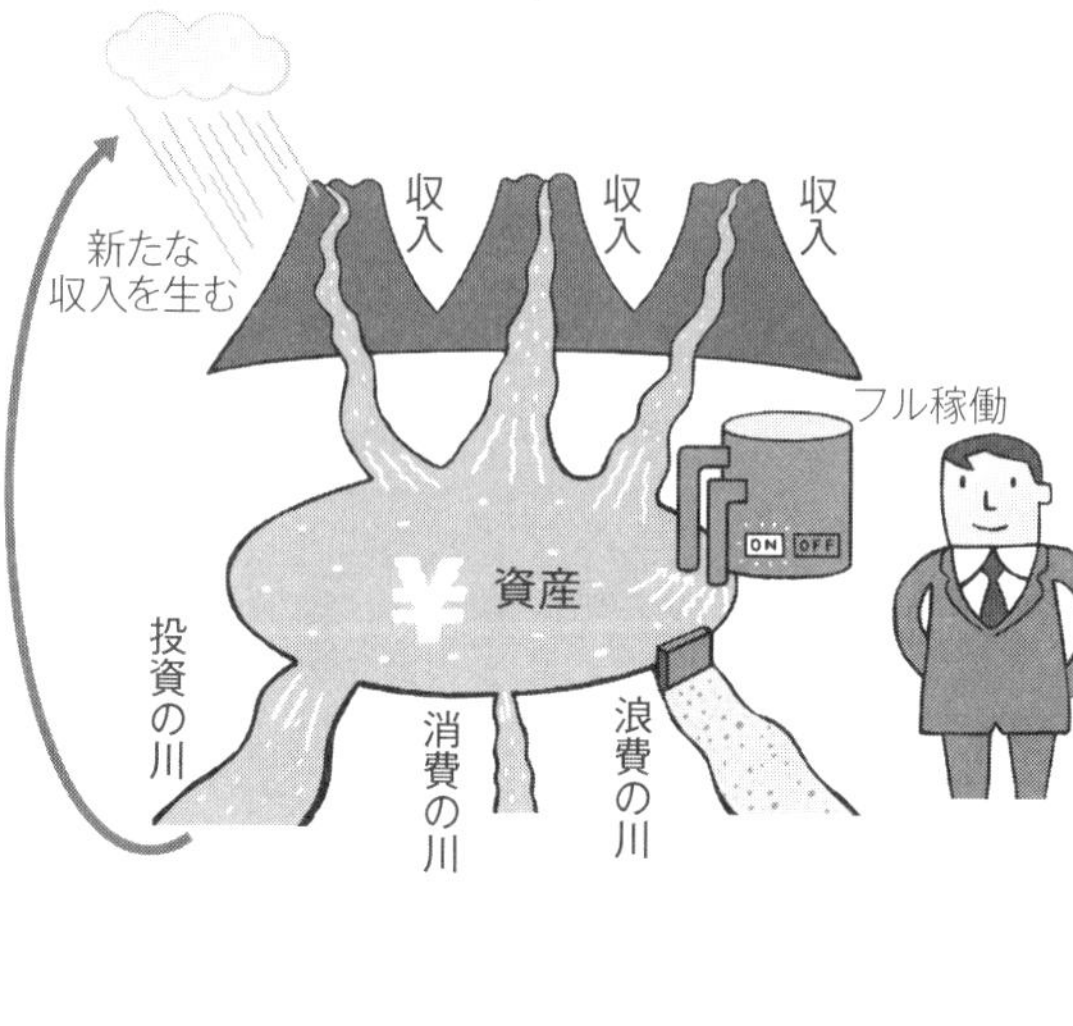

労働所得と不労所得

所得には、労働の対価として得られる「労働所得」と、労働しなくても得られる「不労所得」の2つがあります。

ここでいう労働所得とは、アルバイト、日雇い、会社員など、自分の時間をお金に交換する働き方で得られる所得です。それに対して、不労所得とは、時間を使わないで得られる所得です。以上をまとめると、

【公式】資産形成＝（労働所得＋不労所得）－支出＋資産×利回り

となります。この公式を元に、本書のタイトルでもある「働きたくないけどお金は欲しい」という状態を考えてみましょう。

まず「働きたくない」ので、「労働所得」はゼロですね。しかし、人は生きているだけでお金が必要なので、「支出」はゼロにはなりません。すると、必要な支出を「不労所得

＋資産×利回り」の部分でまかなうしかありません。

つまり、次の状況になれば、「働かないけどお金はある自由人」のできあがりです。

〈自由人〉支出＜不労所得＋資産×利回り

次にあなたの今の状況を見てみましょう。

あなたが普通の会社員で投資などを一切やっていなくて、資産と呼べるものもゼロに近い状況だとしたら、このような式になります。

〈資産のない会社員〉手元に残るお金＝労働所得－支出

これは、働かなければ生きていけない状態です。多くの人は、この状態から節約して労働所得を増やそうと一生懸命になります。

しかし、ここからいくら節約して労働所得を増やしたとしても、あなたの銀行口座に表示されるお金が少し増えて、資産のある会社員になるだけです。これだといくら頑張っても、自由人になることはできません。これが「会社員のままだとラットレースから抜け出せない」と言われるゆえんです。

〔資産のない会社員〕手元に残るお金 ＝ 労働所得 － 支出

（労働所得 ▲ 増やす　支出 ▲ 減らす）

↓

〔資産のある会社員〕手元に残るお金 ＝ 労働所得 － 支出 ＋ 資産

いくら頑張っていたとしても頑張る方向が間違っていたら、それは時間の無駄でしかありません。

セミ不労所得のすすめ

自由を手にするためには「不労所得」と「資産×利回り」がポイントであるという話をしました。

〔自由人〕支出 ＜ 不労所得 ＋ 資産 × 利回り

不労所得を目指すために、まずはセミ不労所得を得るところから考えてみましょう。

セミ不労所得とは、労働所得と不労所得の中間に位置するもので、働く時間を限りなく少なくして収入を得ることです。

将来の不安から副業をする人が増えてきましたが、副業とセミ不労所得は似て非なるものです。

セミ不労所得を得るためには、あなたの時給を限りなく上げる必要があります。

例えば、次のような実働によって生活に必要な収入以上を得ている仕事は、セミ不労所得に分類されます。

- 平日は毎朝1時間程度メルマガを書くだけ
- 毎週1回の実働でビジネスが回っている
- 月に数回講演などで話す

まずはセミ不労所得という発想を取り入れることで、「働きたくないけどお金は欲しい」の実現がより現実的なものになります。

また、セミ不労所得を得るには、時間とお金を交換する「労働」ではなく、提供する価値とお金を交換する「ビジネス」をしなければなりません。

【セミ不労所得に必要なビジネス要素】

1. 一度に複数を相手にするビジネスであること
2. お客さんが継続的に利用してくれること
3. あなた自身の実稼働時間が週1程度でも成り立つこと

細かく挙げれば、利益率が高いビジネスのほうがよい、在庫を持たないほうが低リスクでよい、などいろいろありますが、必須条件としてはこの3つでしょう。

【セミ不労所得の例】

- すでに顧客を十分に確保している保険の営業マン
- 広告収入のあるウェブサイトを運営している人
- 有料メルマガやオンラインサロンをやっている人
- 多くの受講生を持つセミナー講師
- アフィリエイター
- 転売ビジネス

同じ時間を使って働くのでも、目先の給料のために働くのか、それとも未来の不労所得のために働くのかによって後々大きな差がつくことになります。

ぜひこの「セミ不労所得」という考え方をあなたの仕事やビジネスに取り入れてみてください。

「お金は貯金しなさい」という洗脳

「お金は銀行に預けるのが一番」

そんなことを一度は耳にしたことがあると思います。

しかし、果たして本当にそうでしょうか。

「お金は銀行に預ける」という常識は、じつは戦時中に日本が戦費を調達するための策略でした。

銀行や郵便局に預けられたお金で国債が買われれば、国民の預金をそのまま国に流すことができます。

そして、国が国民から集めたお金を使って武器を作り戦争をするという構図です。

戦後も、この「お金は貯金しなさい」という洗脳は続きます。焼け野原の日本を復興させるために、銀行に預けられたお金で破壊されたインフラを整備し、国の復興のために多くの公共事業を行う必要があったからです。

しかし、インフラが整った今でも「お金は銀行に預けるもの」という洗脳はまだ解けていません。

理由はシンプルで、国民が貯金をして役人がそれを使うという構図を壊したくないからです。

「将来が不安でしょう」と脅され、せっせと働いて稼いだお金を銀行に預ける。銀行に集まったお金は国債の購入に回されて無駄な事業にじゃぶじゃぶ使われる。

これが「お金は貯金しなさい」という国による洗脳の背景です。


投資をしていない人は、「投資は怖いからやらない、お金は銀行に預けている」と口をそろえて言います。しかし「お金を銀行に預けること」も立派な投資なのです。

銀行に1日の引き出し制限額が設定されているのは、一度にみんなに引き出されたら払える現金がないからです。つまりみんなが銀行に預けているお金は、金庫の中に大事に保管されているわけではないのです。

実際に日本でも過去に「銀行が潰れる」という噂を信じた人達が一斉に銀行から預金を引き出そうとしてパニックになった事件があります。この時、3日間で20億円以上の現金が引き出され、本当に潰れそうになりました。最終的には日本銀行が高さ1メートル、幅5メートルの現金を積み上げて、なんとか事態が収束しました（豊川信用金庫事件）。

では、銀行に現金がないとしたら、私達が預けたお金はどこに消えたのでしょうか。じつは、銀行があなたの代わりに投資をしているのです。つまり銀行にお金を預けるというのは「投資を銀行に代行させる」という投資行為に等しいのです。

今の日本の銀行金利は約０・００１％です。これは１００万円を１年間銀行に預けてもらえる金利はたったの10円という水準です。

「銀行にお金を預けているから投資はしない」という認識がそもそも間違っていて、銀行にお金を預けているというのは、年利０・００１％の「銀行預金」という投資商品に投資をしていることになります。

投資をせず銀行にお金を預けて安心している人に限って、高い金利を払って住宅ローンを組んで家を買ったり、自動車ローンを組んで車を買ったりしています。

銀行は安い金利でお金を調達して、高い金利で人に貸すビジネスをしていますが、そういった人達は安い金利でお金を銀行に貸し、その銀行から今度は高い金利でお金を借りてきて、必要ないものを買っているという事実に気がついていません。

あなたの「貯金」が日本を衰退させる

あなたが預けた銀行預金がどのように使われているのかを、もう少し詳しく見ていきましょう。

例えば、日本のメガバンクの1つである三菱UFJ銀行が保有している有価証券は、日本国債：37％、外国債権：37％（ほぼ米国債）、その他：26％となっています。

簡単に言うと、みんなから預かったお金の4分の3を日本政府とアメリカ政府に貸しているのです。そして、残った4分の1を日本の大企業に貸したり、住宅ローンなどに貸したりしています。

銀行が最優先するのは「損をしないこと」なので、当然お金は信用度の高い大企業などに多く流れます。本当にお金を必要としているリスクの高いベンチャー企業には、間違ってもお金が流れることはありません。もちろん金融機関によってお金の貸出先は若干変わりますが、日本国債と米国債がその中で多くの比重を占めることは共通しています。

私達が銀行に預けたお金は、「日本政府やアメリカ政府が自由に使えるお金」に換わっているのです。そして、アメリカはそのお金を使って最先端のテクノロジーや医療分野に莫大な投資をしています。

つまりアメリカは、私達日本人が銀行や郵便局に預けた預貯金を、自国の発展のために使っているのです。

「日本はアメリカの植民地」と呼ばれるのは、こういった実状があるからなのです。

私達の貯金から日本政府に流れたお金は、「役人」が使い途を考えて「政治家」がそれにゴーサインを出します。

日本では政治家を決めるのは高齢者なので、政治家は高齢者に有利なお金の使

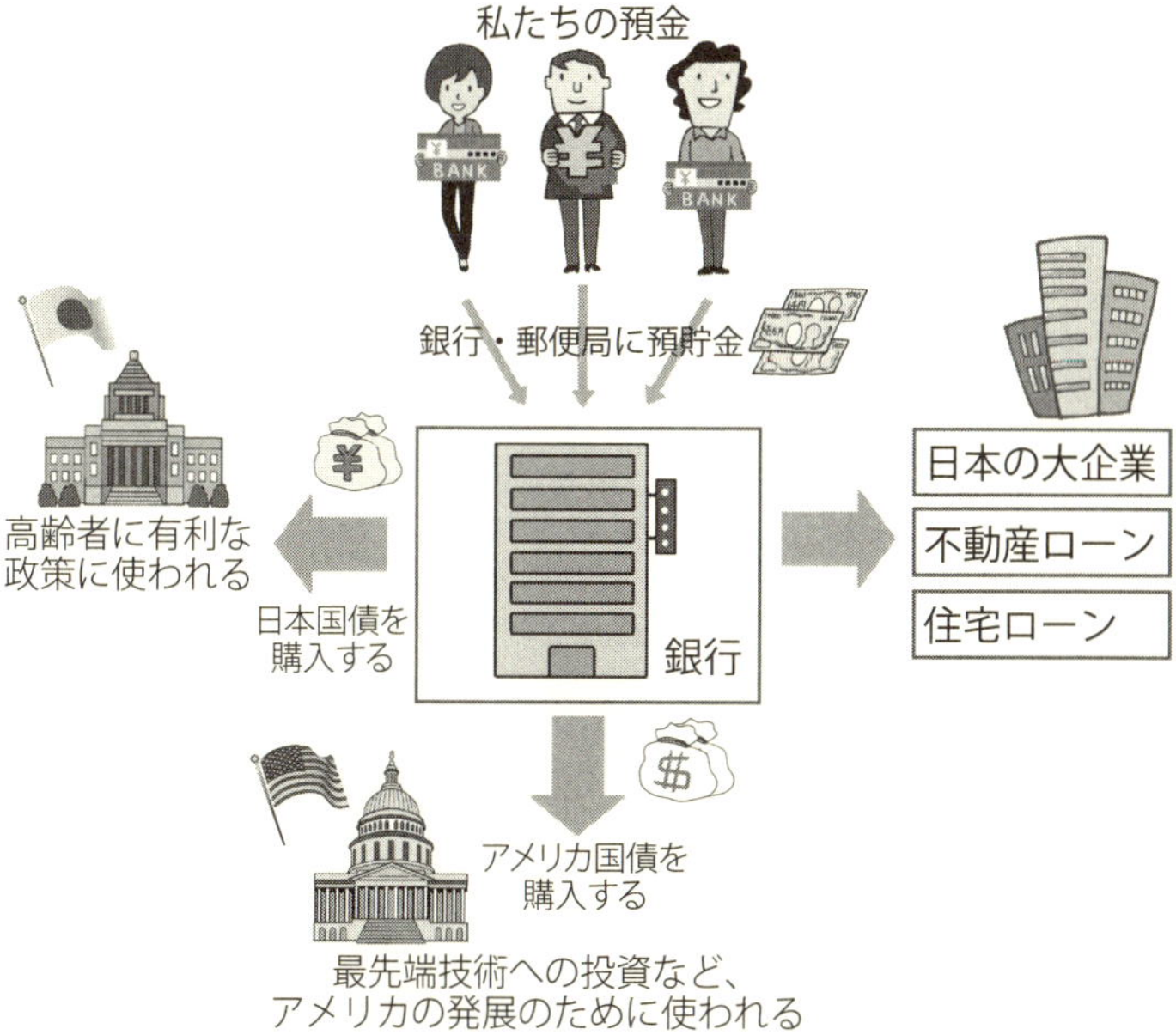

い方をします。

そろそろ全体像が見えてきましたね。

私達が一生懸命貯金すればするほど、そのお金はアメリカ政府と日本政府に流れていき、アメリカの発展のためと、日本の高齢者のために使われていくのです。

このような状態が続けば、日本は世界中の国に追い抜かれてしまうでしょう。

こう考えると、日本の国力が著しく衰退したのは、役人や銀行の思いどおりに貯金し続けてきた私達個人にも非があることがわかります。

もし、私達がきちんと自分の頭で考え投資をしていたなら、日本政府やアメリカ政府に流れているお金は、もっと日本の将来を担う有望なベンチャー企業などに流れていたはずです。

そうすれば、日本はもっと大きな発展を遂げていたかもしれません。

今からでも遅くはありません。日本が自国の発展を目指すのであれば、正しい金融教育が急務であることは明らかです。

ただし、今の日本の社会の仕組みや政治家の利害関係などがそのままならば、それが難しいのもまた事実です。こういった状況を踏まえて私達個人ができることは、やはり「自分でしっかりと学んで投資をする」ことではないでしょうか。

寝ているだけでお金が増えた時代

しかしなぜ「銀行にお金を預けていれば大丈夫」というのがここまで浸透して、今でも信じられているのでしょうか。

それは、銀行にお金を預けることが正解である時代が確かにあったからです。

人は過去の成功体験に引っ張られる生き物なので、一度銀行にお金を預けてうまくいくとそれに固執してしがみついてしまうのです。

例えば、1980年代の郵便貯金の金利ですが、定期預金の金利が8～12%という時代がありました。

これをお金持ちの方程式に当てはめてみると、

定額貯金元利金表（元金10万円の例）

預ける期間	受取り金（元利金）	年利回り
6か月	103,250	6.50%
1年	107,122	7.12
2年	116,424	8.21
3年	126,531	8.84
4年	136,856	9.21
5年	148,024	9.60
6年	160,103	10.02
7年	173,167	10.45
8年	187,298	10.91
9年	202,581	11.40
10年	219,112	11.91

※郵便局の定額貯金（1980年）

お金の増減＝所得－支出＋資産×利回り

この利回りの部分が、10年の定期預金をしているだけで12％ついていたのです（郵便局の定額貯金に10年預けた場合）。この時代は特に何もしなくても「高い利回り」が約束され、お金が勝手に働いて、財布に新たなお金を呼び込んでくれていたのです。

この時代に、手元の100万円に加えて毎月10万円ずつ10年の定期預金に預けたとすると、下記のグラフのように、ぐんぐん資産が増えていきます。

つまりこの時代においては、個人の資産運用は「何も考えずに貯金する」だけでも十分増えていて、投資なんてしなくてもみんながお金持ちになれました。この時代を経験した世代の人々にとっては「お金は貯金するのが一番」は間違っていなかったのです。

郵便局の定額貯金による利殖例（1980年）

（元金100万円＋毎月10万円を貯金した場合）

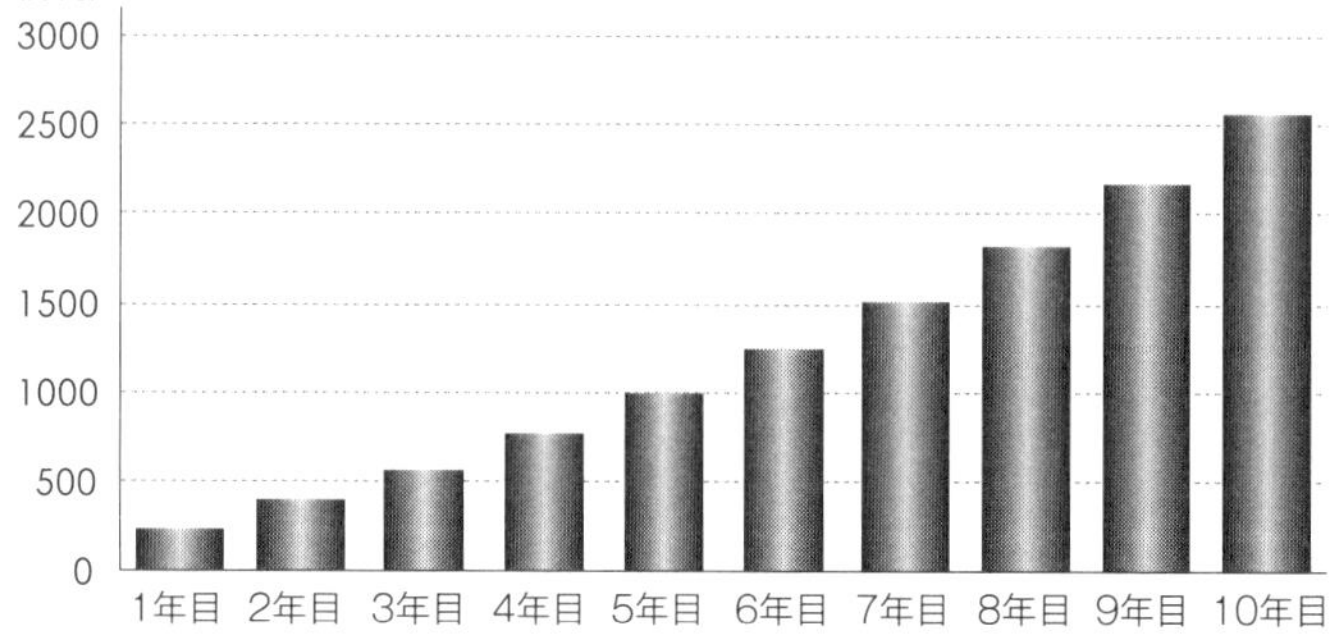

しかし現代では、いくら銀行にたくさんお金を預けても利回りはゼロで、あなたのお金は完全にサボっている状態になります。

超低金利時代においては、資産を増やしたいと思ったら「投資をする」というのが正解なのです。

時代によって、ルールや常識はどんどん変化していきます。激しく変化する現代において、生き残るのは過去の成功体験にひっぱられる者ではなく、新しいルールや変化に柔軟に対応できる者だけです。

「最も強い者や賢い者が生き延びるのではない。唯一生き残るのは、変化できる者である」

というダーウィンの有名な言葉がありますが、これは資本主義社会においても全く同じことが言えます。

自由人になるための3ステップ

例えば「働かなくてもお金がある状態＝自由人」になることをゴールとします。そのゴールから逆算して、今の状態と理想の状態のギャップを埋めるためにどうするかを考えてみましょう。

スタート（資産のない会社員）：手元に残るお金 ＝ 労働所得 － 支出

ゴール（自由人）：支出 ＜ 不労所得 ＋ 資産 × 利回り

このギャップを埋めるために、すべきことは3つです。

1．資産を増やす

浪費の支出をなくし、浮いたお金は資産に追加して運用に回す

2．利回りを増やす
投資の知識をしっかり身につけ自分で資産運用をする

3．不労所得を増やす
労働所得だけでなく、不労所得（セミ不労所得）を増やすために働く

多くの資産があれば、低い利回りでも多くの配当収益が入ってきます。少ない資産でも高い利回りを出すことができれば、多くの配当収入が入ってきます。不労所得を増やしていけば労働所得がなくても生きていけるようになります。

よく「アルバイトや契約社員ではなく正社員のほうがよい」という人がいますが、時給に違いはあれど「自分の時間をお金に換金している」点ではどちらも同じです。

アルバイトが一生懸命働いて正社員になって、その後昇進していったとしても、時給こそ増えるかもしれませんが、働いてお金を得る労働所得から解放される日が来ることはありません。

「労働時間を減らしてもお金が入ってくる仕組みをいかに作るか」が大事なのです。

〔ステップ1〕資産がない人

資産がない人がやることはたった1つ、「投資するための資産を確保すること」です。

労働収入を増やして、浪費を完全にやめ、浮いた分のお金はすべて自己投資や金融投資に回すようにしましょう。資産が全くないのは、日常のキャッシュフローに問題があります。まずは日常的なお金の使い方などを見直して、投資できるお金を作ることを目指してください。

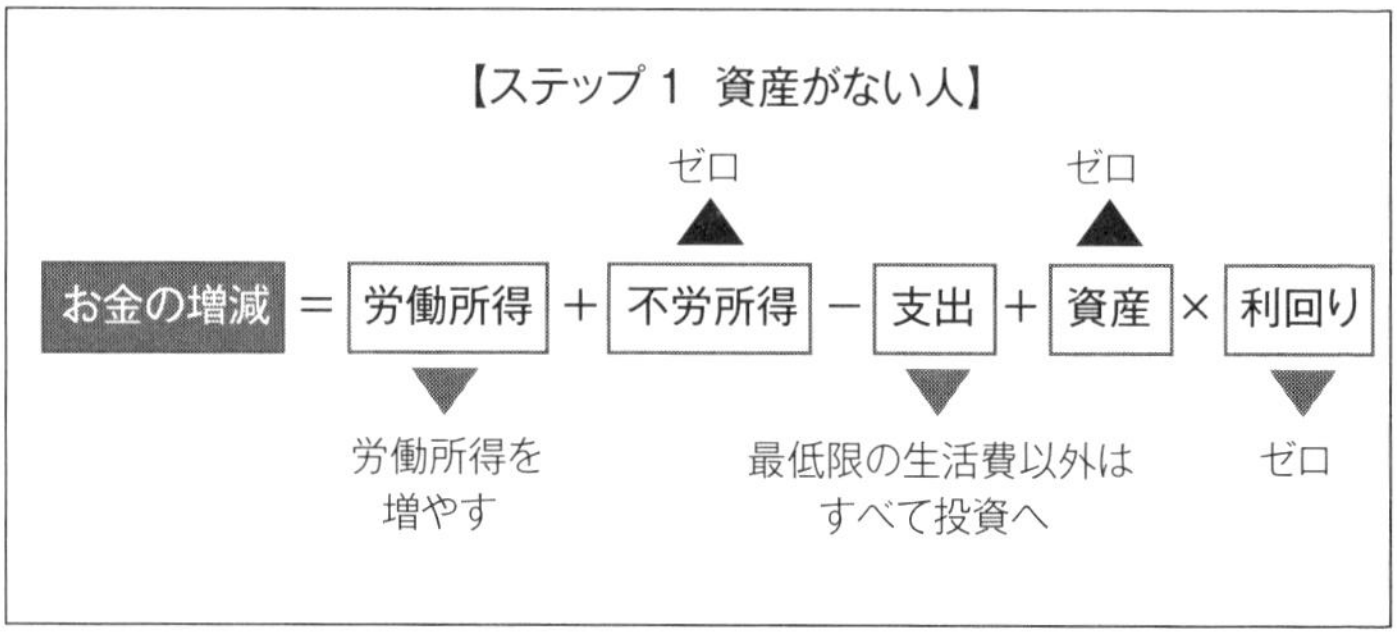

〔ステップ2〕多少の資産がある人

すでに投資できる資産がある人がやるべきことは「実際に投資を始めること」です。少額でかまわないので、実際に投資をしながら利回りを上げる方法を考えてみましょう。

最初は投資の知識も経験も浅いので、なかなか思うように利益が出せないかもしれません。

ここが一番大変で、続けられず離脱してしまう人が多いステップでもあります。

しかし、この段階を乗り切ればその先は一気に楽になります。

きちんと正しい手法で投資を続けていけば、徐々に実力はついてきます。

また、労働所得の水準は維持したまま、いかに働く時間を減らすかを意識してみてください。

そこで浮いた時間は投資の勉強や投資先を探すために使いましょう。

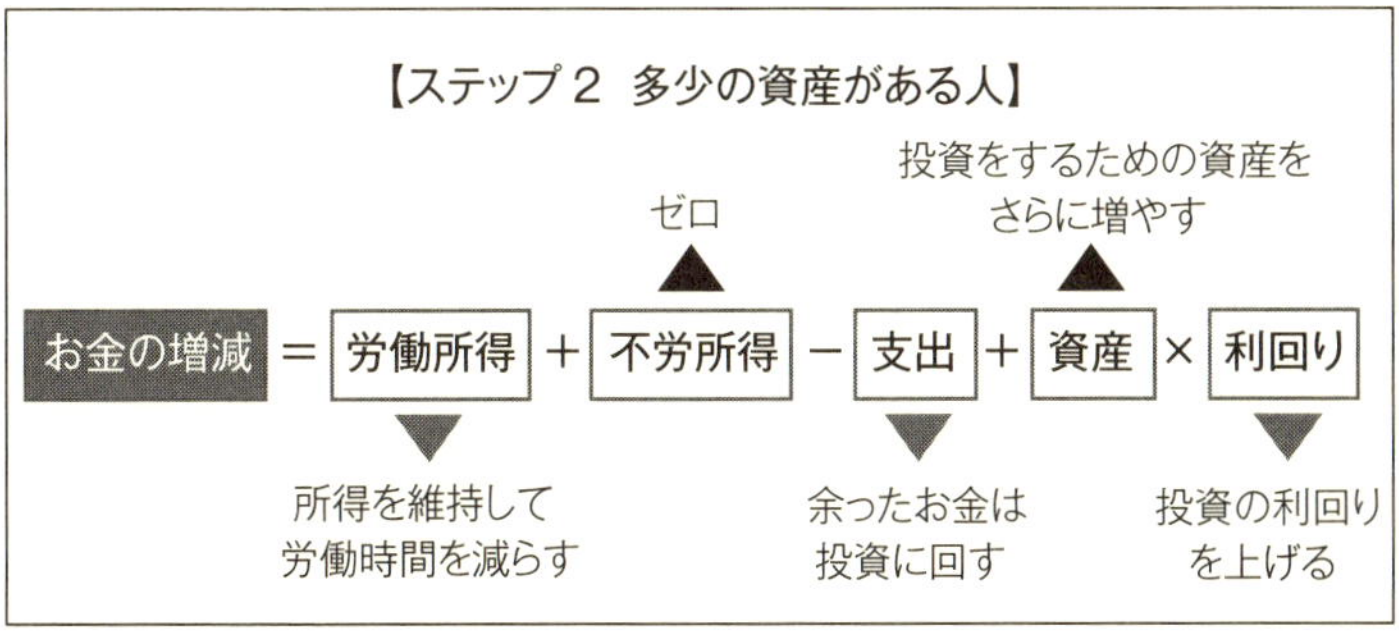
【ステップ２ 多少の資産がある人】
投資をするための資産をさらに増やす
ゼロ
お金の増減 ＝ 労働所得 ＋ 不労所得 － 支出 ＋ 資産 × 利回り
所得を維持して労働時間を減らす
余ったお金は投資に回す
投資の利回りを上げる

〈ステップ3〉十分な資産がある人

十分な資産がある人は「投資の利回りを上げること」に時間を集中させましょう。

また労働所得を得るために働くことから、不労所得やセミ不労所得を得るために働く方向へ考え方をシフトチェンジしてください。

完全な不労所得にはならないとしても、「働く時間を最小限にして、得られる報酬を最大にするためにはどうしたらよいか」という目線で物事を考えましょう。

意外かもしれませんが、このステップのポイントは「労働所得を減らしていくこと」です。

そして労働を減らして増えた分の時間で、不労所得（セミ不労所得）と利回りを増やしていきましょう。

この3ステップを踏むことで、経済的自由と時間的自由が同時に手に入り、自由人への道は着実に開かれていきます。

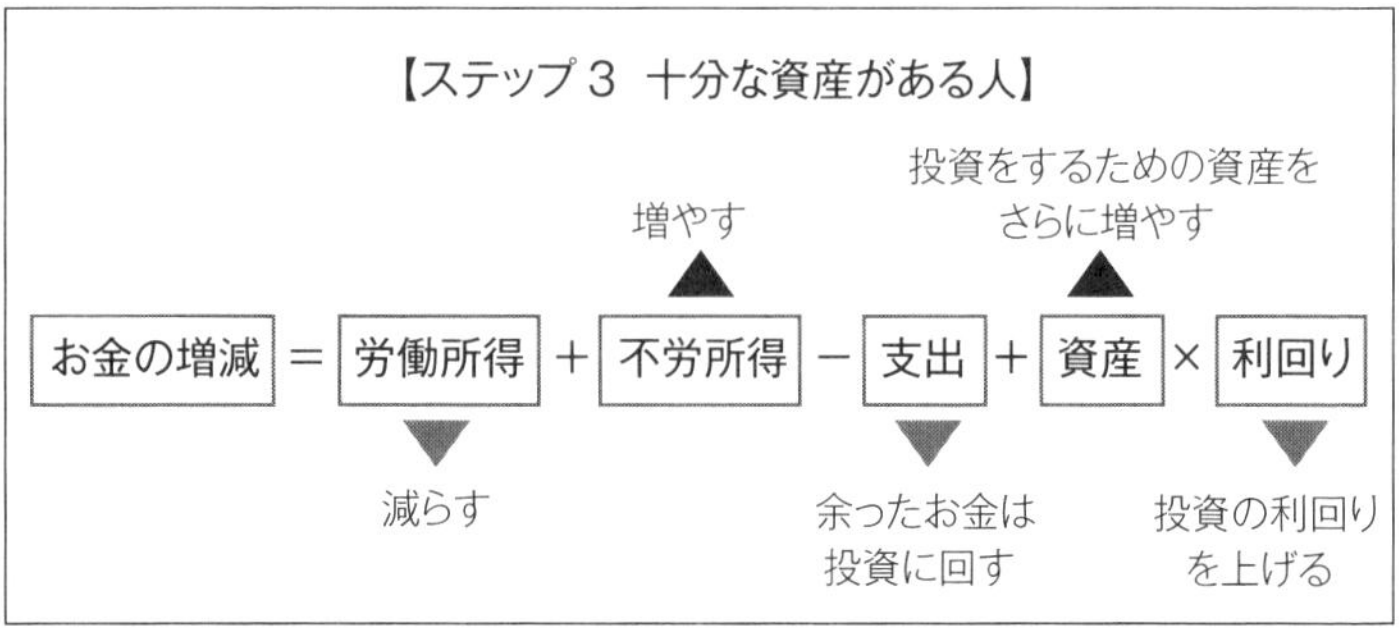

ローンの恐怖

ここで、多くの日本人が知らないローンの恐怖について触れておきましょう。

「夢のマイホーム」

こんなフレーズを誰もが一度は聞いたことがあると思います。

しかし、世間のイメージに反して、住宅ローンを組むことにはものすごい恐怖が潜んでいるのです。それを今から、お金持ちの方程式を使って考えていきましょう。

普通の会社員で、投資はしていないけれど少し貯金がある人を例にとります。

仮にこの人が30年の住宅ローンを組んでマイホームを購入したとします。

そうするとお金の流れは次の図のように変化します。

普通の会社員が少しばかりの資産（貯金）を頭金に、住宅を購入すると2つの罠に陥ります。

1. 資産がなくなる

多くの人は貯金をすべて頭金に入れるので、投資に回せる資産がゼロになります。これは投資に回す資産を増やすことを目指すお金持ちの発想とは真逆を行きます。

2. 30年固定の支出が確定する

当然ながらローンは借金なので、返済の支払いを30年間続けなくてはいけません。

給料がなくなるとローンが払えなくなるので、会社を辞めることができません。

このマイホームの購入で特に問題になるのが「30年固定の支出が確定する」ということです。もし、この会社員がマイホームを購入してすぐにリストラにあったらどうなるでしょうか。

あっという間にキャッシュフローがマイナスになっ

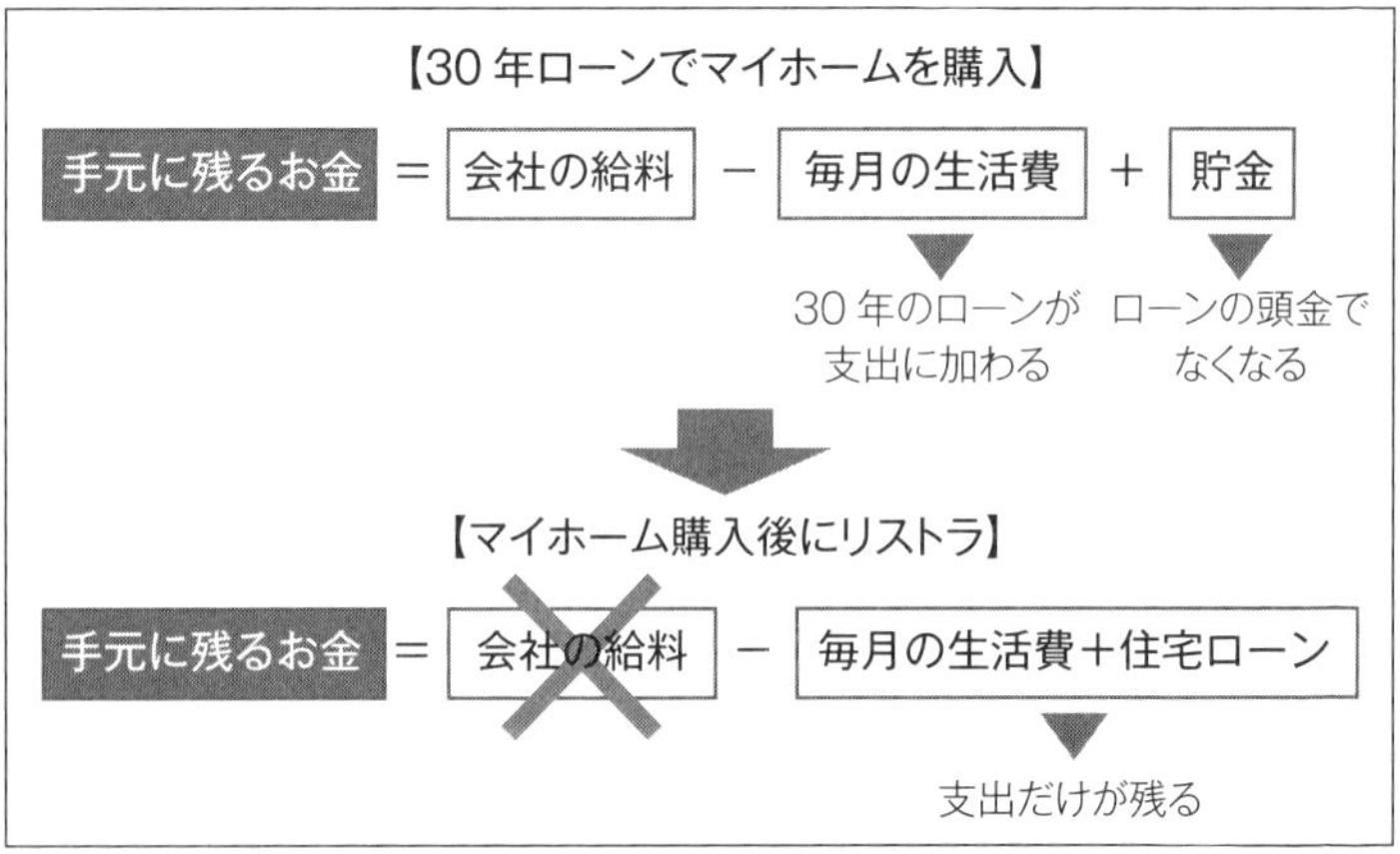
【30年ローンでマイホームを購入】
手元に残るお金 ＝ 会社の給料 － 毎月の生活費 ＋ 貯金
30年のローンが支出に加わる
ローンの頭金でなくなる
【マイホーム購入後にリストラ】
手元に残るお金 ＝ 会社の給料 － 毎月の生活費＋住宅ローン
支出だけが残る

てしまいます。

もしこれが持ち家でなく賃貸であれば、もっと安い部屋に引っ越したり、賃貸を解約して実家に戻ったりすることができますが、持ち家になるとそう簡単にはいきません。

購入した家を手放すにしても、買い手を見つけるまでに時間がかかりますし、新築で買った場合は買った後に一度でも住んだら中古になるので、買った時よりも値段が落ちます。

たとえ家を売ったとしても、多くの場合は借金だけが残ることになります。

こうなるともう身動きはとれません。住宅ローンをしばらく滞納すると、お金を借りている銀行から家が差し押さえられます。


多くの人はこの時初めて、ローンで買ったマーホームは、じつは自分のものではなく銀行のものだったことに気がつきます。差し押さえられた家は競売にかけられますが、残っているローンよりも安い値段で売られてしまう場合もあります。そうなると、職を失ったあげく家も失い、残るのは住宅ローンの借金だけ、という悲惨な状況になります。

つまり、普通の会社員が30年の住宅ローンを組むのは「自分の家を担保として銀行に差し出し、銀行の利益のために30年働き続ける契約」、すなわち30年間人質になるようなものです。

住宅ローンを組んだ多くの会社員は、ローンの返済をするために自分の人生の大部分を費やすことになります。今の仕事が辛くて辞めたくても、自分で起業をしてみたいと思っても、住宅ローンがあるせいでそういった選択はできません。

運よくリストラにあわなかったとしても、大手の企業では「ローンを組んで家を買うと地方に飛ばされる」というジンクスさえあります。

住宅ローンを組むと会社から「こいつはローンを組んだのだから、地方に飛ばしてもすぐには会社を辞めないだろう」と思われることが理由です。

その結果、せっかく買ったマイホームに一度も住むことなく、地方に飛ばされることになる人もいます。

これを逆の目線から考えてみましょう。

住宅ローンの貸付を行っている銀行の立場から考えると、貸付をした相手がせっせとお金を稼いできてくれます。もちろん、変な人に貸すと返ってこないリスクがあるので、その人がちゃんと銀行のために働き続

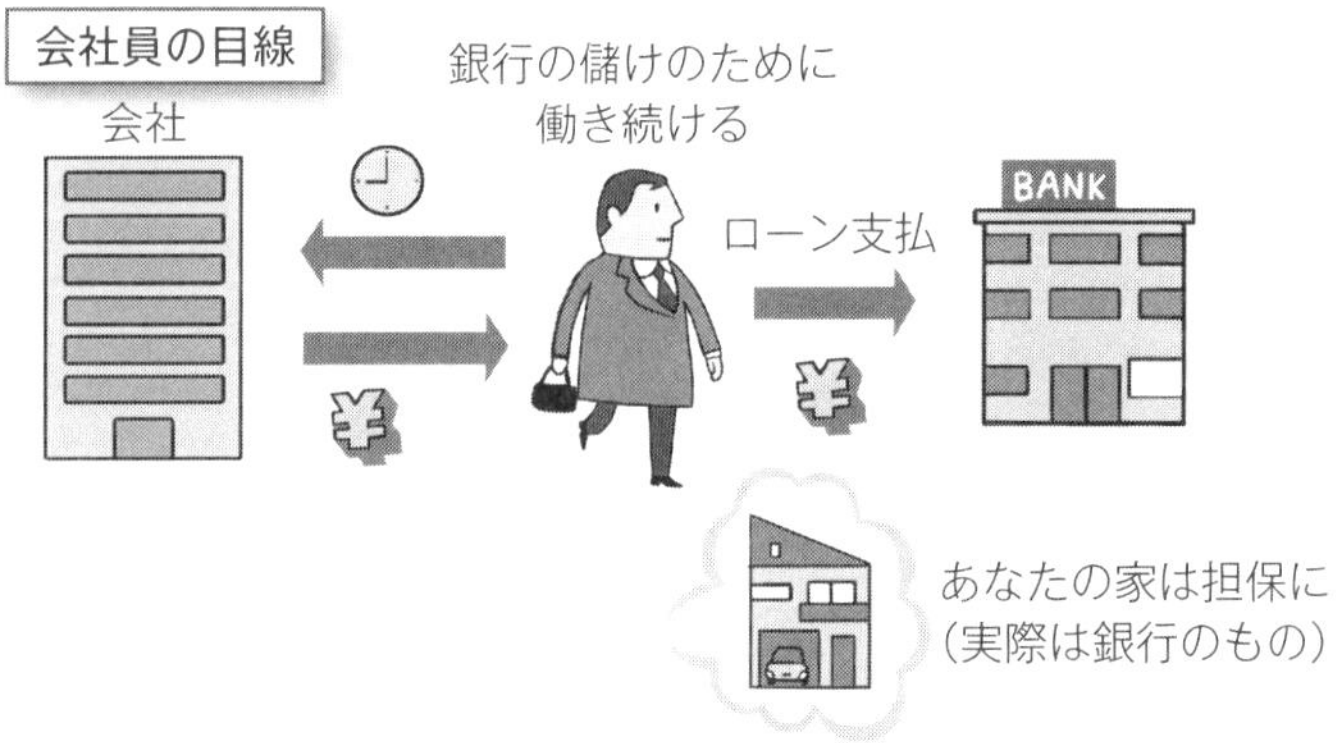

けるかどうかの審査はします。リストラや減給リスクの少ない公務員や大企業の会社員が住宅ローンの審査が通りやすいのは、彼らの給料が安定的で、ローンを払えなくなるリスクが低いからです。

　このように、住宅ローンは貸すほうから見ると、安定収入が得られる立派なビジネスであり、まさに不労所得を得るための仕組みの1つなのです。

　一般の会社員が「自分で住む家を買うために住宅ローンを組むこと」はリスクが高くお勧めしませんが、買った家を他人に貸す目的で住宅ローンを組むのであれば話は変わります。

　銀行からお金を借りて家を購入し、それを他人に貸し出す場合、毎月銀行に支払うローンの金額よりも家賃収入のほうが多ければ、新しいキャッシュフローが生まれます。

　ただ、ここで気をつけなければいけないのは「物件の選定」です。家を借りてくれる人がいなければ当然

銀行の目線

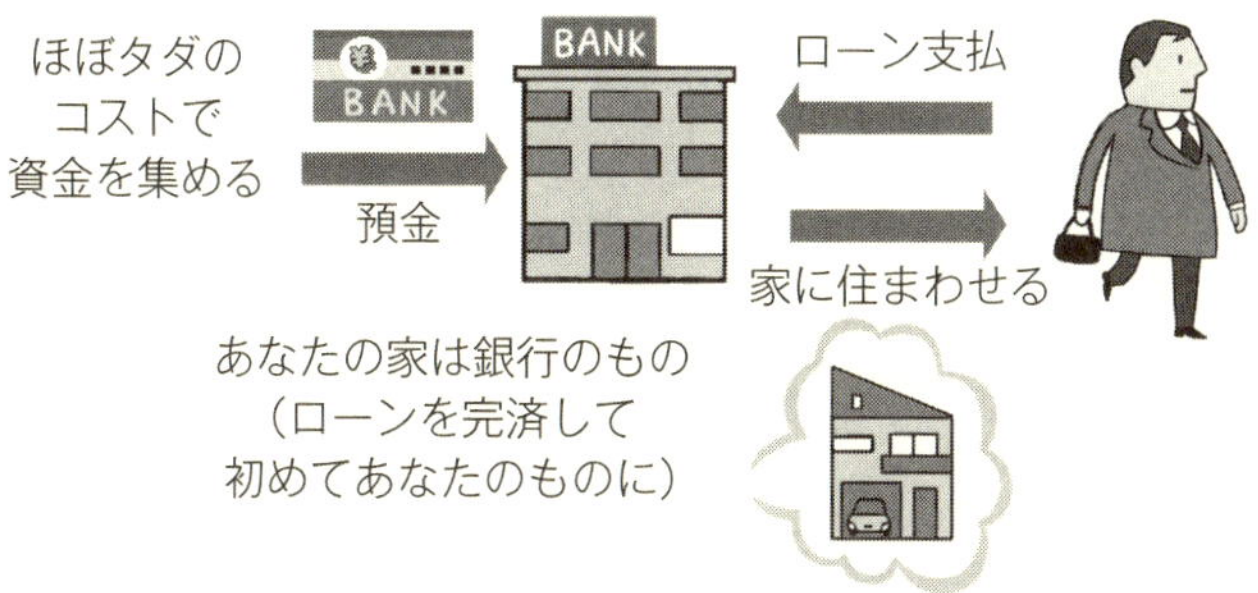

家賃収入は入ってきません。しかし、家賃収入が入ってこなくても当然ローンの支払いはしなければいけません。

つまり「安定した家賃収入が取れる物件」を購入することが、不動産投資においては必須となります。

ここで大切なのは「あなたが欲しいと思う家」ではなく、「他の人が家賃を払って住みたいと思う家」を買うという目線です。

不動産というのは他の人がお金を払って住みたいと思う、もしくはお金を払って購入したいと思って初めて資産価値が生まれます。

どれだけあなたが「良い」と思っても、他の人が「そんな不動産いらないよ」と思ったら資産価値はないのです。

普通の会社員がマイホームを購入して後に売ろうと思った時に想定よりずいぶん安い金額になってしまうのは、「資産価値のある家」ではなく「自分が欲しい家」を買ってしまったからです。

家に限らず投資をする時は、必ず「将来、他の人が欲しいと思うかどうか」という目線で考えるようにしましょう。

第3章
お金と価値

お金の本当の正体

お金は時代によってその姿形を変えてきました。

ある時には貝殻や石であったり、ある時には金属や紙幣であったり、そして現代では電子マネーや仮想通貨のような形のないものであったりします。

法定通貨である日本円を例にとると、1円玉を1枚作るコストは約3円、1万円札を1枚作るコストは約22円かかると言われています。また、仮想通貨は開発などにコストが多少かかるくらいで、それ以外のコストは維持するための電気代くらいです。こうやって考えると、ますますお金とはいったい何なのかわからなくなってきます。

お金の正体を突き止めるために、お金という概念がなかった時代にタイムスリップしてみましょう。


【質問】お金のない時代に豊かになるためには、どうしたらよいでしょうか？

　ここで言う「豊か」とは、「欲しいと思うものがいつでも手に入る状態」と定義しましょう。例えば魚を食べたいと思ったら、新鮮な魚をすぐに提供してくれる人がいて、ご飯が食べたいと思ったら米を提供してくれる人がいる、というイメージです。

　話をシンプルにするために、この時代では「身分」という概念もないことにしましょう。そんな時代にあなたが生まれてきて、豊かになりたいと思ったら何をしますか？

　いろいろな回答が出てくると思いますが確信をつく答えは、

「その時代にいる人達が『欲しい！』と思うものを提供できる人になること」です。

「欲しい！」とは、人間の欲求です。

　他人の欲求を満たすことができれば、お金のない時代でも豊かになれるのです。

通貨の歴史

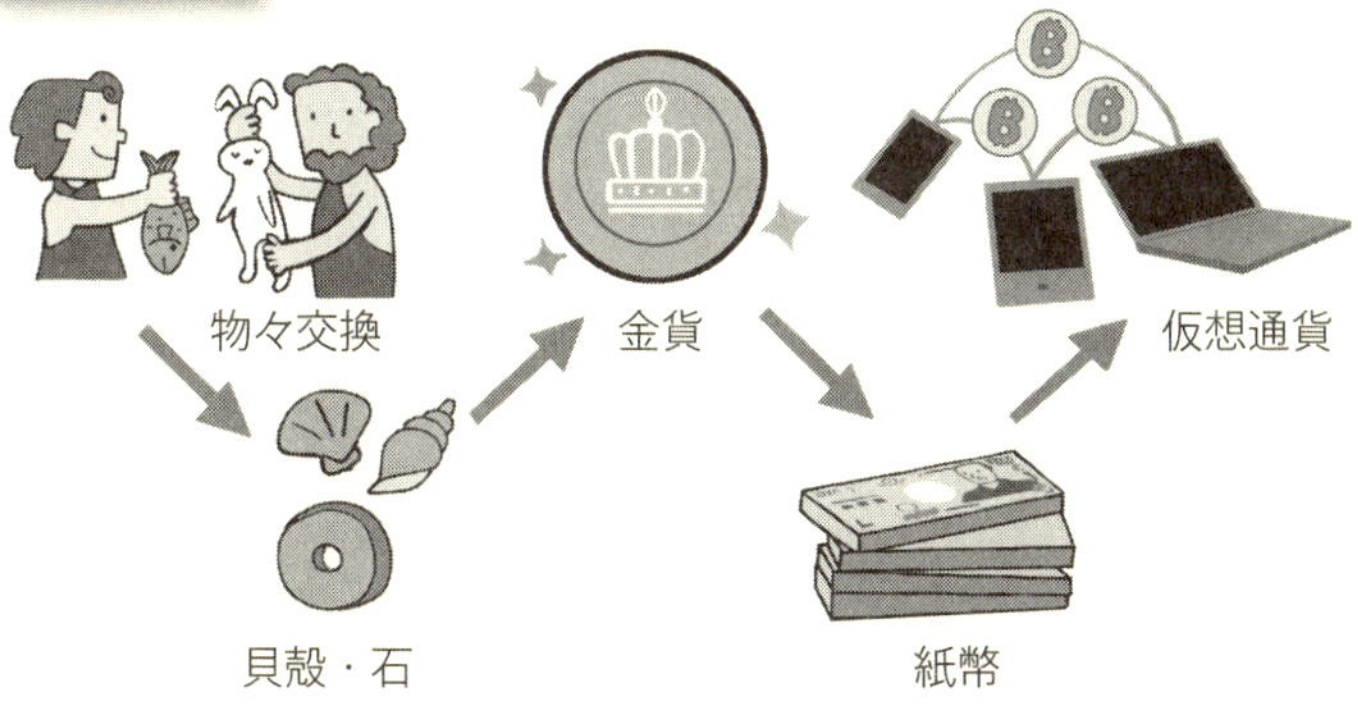

これは、お金という概念が浸透している現代でも変わりません。

いつの時代も他人の欲求をより多く満たした人が、豊か＝お金持ちになっていきます。

お金はその姿形がどうであれ、人間の欲求が生み出した産物です。

人の欲求がないところにお金は生まれません。

人の欲求があるからこそ、そこに価値が生まれ、お金のやりとりが発生するのです。つまりお金とは、「人の欲望を満たし幸せにした対価」なのです。

人の欲望は時代とともに変化する

お金を「人間の欲求が生み出したもの」とするなら、人間の欲求の変化を捉えればお金の流れがわかるようになります。

人の欲が向かう先こそがお金の向かう先でもあるのです。

マズローの欲求5段階説というものがあります。人間は下図の下位欲求が満たされて初めて、その上位にある欲求が生まれてくるという説です。

このマズローの欲求5段階説と歴史を重ねると、人間の欲求がどのように変化していき、それにともない経済がどのように発展してきたかがわかります。

人間がまだ狩りをしていた時代。この時代は、生きるた

マズローの欲求５段階説

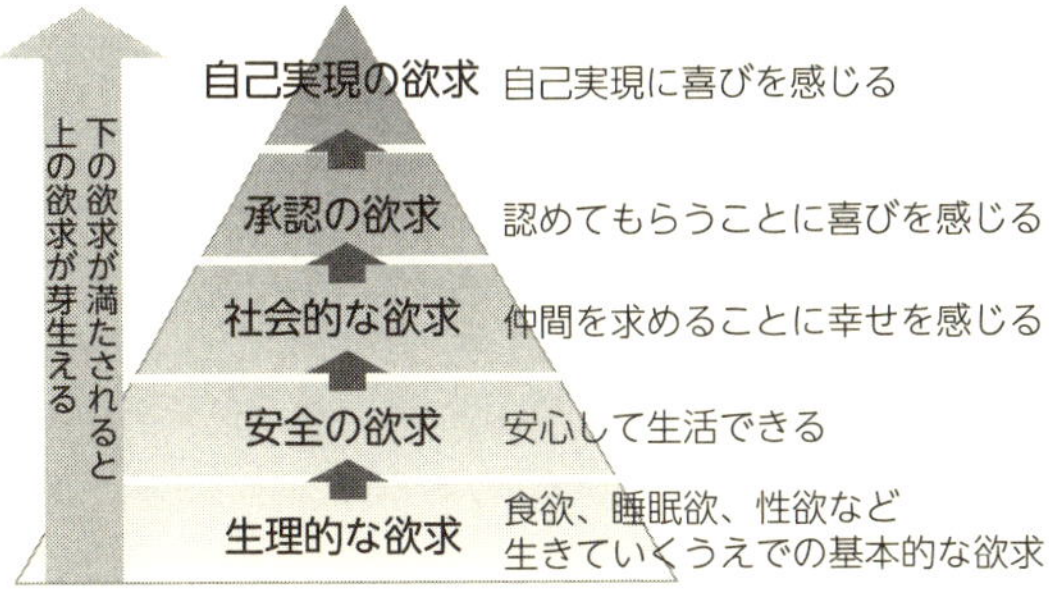
下の欲求が満たされると上の欲求が芽生える
自己実現の欲求
自己実現に喜びを感じる
承認の欲求
認めてもらうことに喜びを感じる
社会的な欲求
仲間を求めることに幸せを感じる
安全の欲求
安心して生活できる
生理的な欲求
食欲、睡眠欲、性欲など
生きていくうえでの基本的な欲求

めに「食べる、飲む、眠る」の欲求が最優先でした。この時代の産業の中心は「食料」です。いかに効率的に「食料」を調達するかが、この時代の人の生死を分けていました。より効率的に食料を確保するための道具などもこの時代に生まれましたが、これも人の「食料」への欲求が生み出した産物です。

生理的欲求が満たされていくにつれて、その上位の「安全欲求」が出てきます。安全な場所にいたい、安定的に食料が手に入る今の状態を維持したい、などの欲求です。こうして人は「安定的な食料の調達」を目的に、集落を作り手分けして農業などを行っていきました。

もし、この時代にお金という概念があったとしたら、衣食住を提供するような、生理的欲求と安全欲求を満たすサービスにお金が集まっていたでしょう。逆に、ダイエットのような自己実現欲求を満たすサービスは全く流行らないことは容易に想像できます。

自分達の土地で「安定的な食料を調達」できるようになると、安全欲求が満たされ、次は集団を形成して、そこに所属することに満足を感じるようになります。その集団が国であったり、藩であったり、村であったり、家族であったりします。

安全に生きられる環境が整うと、それにともない人口も増えていきます。自分達の土地で収穫できる食料には限界があるので、やがて食料が足りなくなってきます。人口増加によって、満たされたと思っていた安全欲求がまた危うくなってきました。

そこで、人々は「他人が持っている土地を奪えばいいんだ！」という発想に行き着きます。こうして時代は戦国時代へと突入します。つまるところ、戦国時代とは、食料を確保するための土地を奪い合う戦いでもあったわけです。

一度作りあげた安心の上に、集団という社会的欲求を築いたものの、人口増加によって土台である安心が崩れそうになりました。そこで、その安心を取り戻すために、他の集団から土地を奪うのが一番効率的だったわけです。

この時代には生理的欲求と安全欲求を満たす衣食住に加え、戦争に使う武器や兵士などにもお金が集まっていました。

そして、近代。

人々の欲求は社会的欲求・承認欲求へとシフトしていきます。

「集団に属して、その集団から認められたい」という人々の欲求により、日本経済は大きく発展しました。高度経済成長期に大企業に入社して、一生そこで働いて骨を埋めるという価値観もこの時に生まれました。

世界を代表するような大企業に成長した会社が多く創業されたのもこの時代です。

テクノロジーの発展や物流ルートの整備、機械による生産性向上により、今の日本において食料不足や安全に住む場所がないという状況はほぼありません。そして建築技術の発展により、限られた土地に高層ビルを建てることで、利用できる空間を数十倍にも拡大することができました。

上海、香港、ニューヨークなど世界中の地価が高い都市には例外なく高層ビルが次々と建設されていますが、この流れは他の主要都市にも拡大していくでしょう。


そして、これからの時代。

フェイスブック（Facebook）などのＳＮＳの普及によって常に他人とつながることができ、集団を形成しなくてもインターネット上で自分の好きな集団に所属することができます。

近年、日本では未婚率の上昇と少子化が社会現象となっていますが、これも「集団に属して満足感を得たい」という社会的欲求が、既存のＳＮＳサービスによってすでに満たされていることが少なからず影響しているからではないでしょうか。

また、社会的欲求の上位に位置する「他人から認められたい」という承認欲求も、おしゃれな写真をインスタグラムやフェイスブックなどのＳＮＳに投稿すれば、たちまち多くの「いいね」がつくので、これもインターネット上で満たすことができています。

「インスタ映え」という言葉が生まれたのも、その背景に人の承認欲求があったからでしょう。

それでは、そんな時代に人々が次に求めるのは何なのでしょうか？

マズローの欲求5段階説によれば、承認欲求が満たされた後、最後にくるのは「どう自分らしく生きるか」という自己実現の欲求となります。

- 自分に合う仕事をしたい
- 自分らしい人生を過ごしたい
- より充実した人生を自由に生きたい
- 自分の生まれた意味を見つけたい

このような欲求を持つ人が、これからの時代増えてきます。そして、自己実現欲求のフェーズにシフトする人が増えると、ダイエット、美容、娯楽、体験、旅行など、自己実現を叶えるサービスにお金が集まるようになります。

もちろん、どの時代においても身分や社会的な立場によって、その人が持つ欲求は異なります。しかし、多くの民衆の欲求は、時代の変化とともに変貌してきたことは間違いありません。

価値と価格の違い

一般の人は価値を考えることなく価格だけを見て買い物をしますが、投資家は価格よりも価値が高いものしか買いません。

例えば、バーゲンセールで1万円の商品が90％引きになって1000円で売られていると、安くてお買い得のような気がします。しかし、投資家はその服に1000円以上の価値がないと判断すれば、どれだけ価格が値引きされていても買いません。逆に、定価で100万円のモノでも「100万円以上の価値がある」と判断すれば、喜んで買うのです。

一般の消費者は「安い」を価格だけで判断しますが、投資家は「安い」を価値と価格の乖離によって判断しています。価格がどれだけ高くてもそれ以上に価値があるものなら投資家にとってそれは「安い買物」なのです。

価格は誰が見ても一目瞭然ですが、「価値」はそれを捉える人によって大きく変わります。

同じ1000円の本を買って読んだとします。その内容を理解し実行できる人にとっては100万円以上の価値のある本だったとしても、その内容を理解できず実行もできない人にとっては1円の価値もありません。

このように、同じ1000円という価格の本でも価値があるかどうかは読み手によって変わってきます。

そんな価値と価格の違いですが、ここでは次のように定義したいと思います。

価格：何かを買う時に支払うもの
価値：何かを買う時に手に入れるもの

価格とは、何かを買う時に支払うものです。先ほどの1000円の本を例にとると、買う時に支払う金額は1000円であるので、その本の価格は1000円です。

そしてその本の価値とは、その本を買って手に入る情報、考え方、ノウハウなどのことを指します。

猫に小判ということわざがありますが、まさに価値は受け手次第なのです。

「価値があるもの」とは「払った対価以上に自分に帰ってくるもの」です。そして投資における価値とは、その時代の人がみんな欲しいと思うものです。どれだけ過去に価値のあったものでも、みんなが欲しいと思わなくなれば、価値はなくなってしまいます。

オランダのチューリップバブルや近年の仮想通貨の急騰などがよい例ですが、その時代の人々の欲求によって価値や価格は大きく変わります。

時代の変化や人々の欲求の変化とともに価値もまた変化するのです。

なお、価値には「絶対的価値」と「相対的価値」の2つがあります。

絶対的な価値とは、あなたにとって価値があるもの
相対的な価値とは、多くの人にとって価値があるもの

絶対的な価値は、あなた自身は欲しいと思うけれど、周りの人はそれを理解してくれないようなものです。多くの人が自分の基準で価値があると思って購買行動をしますが、それらはすべて絶対的な価値で判断しています。

一般的な市場価格や時価、相場と呼ばれるものはすべて「相対的な価値」を元にしています。

投資家は常に相対的な価値のあるもの、もしくはこれから相対的な価値が出るものを買います。

相対的な価値を見極める上で大切なのは「いくらで売れるか?」という目線です。

例えば、新車や新築マンションは、買って一度でも使うと中古になるため、転売した時に損をする可能性が高くなります。

もちろん、条件のよいタワーマンション最上階や、生産台数が限られているスーパーカーなど、新車や新築で買ってすぐに転売しても利益が取れるものは価値があります。

これらをまとめると、投資家が買い物をする時の判断基準は次のようになります。

【安い】価値＞価格
【高い】価値＜価格

投資家にとって、たとえそれが100円だったとしても「高い」買い物はしません。

しかし、たとえそれが数億円という価格だったとしても、「安い」ものは喜んで買います。

何かを買う時は値段だけを見るようなことはせず、裏に隠された価値を見極める力をつけ、「価値のあるもの以外は買わない」を徹底するようにしましょう。

100万円のセミナーは高いのか？

旅先の宿を予約する時に、価格だけを考えたら安く泊まれる場所はいくらでもあります。

しかし、ゆっくりと快適に過ごすための時間を買うと考えれば、快適なホテルにお金を使うことも決して高い買い物ではありません。

何をするにも、まず値段を見て「高い！」と思うのが癖になっている人は、値段だけでなくそのものの価値を見るようにしましょう。

「値段が安いもの」を買うのが消費者、「値段に対して価値が高いもの」を買うのが投資家です。


これを踏まえて100万円のセミナーの価格と価値を考えてみましょう。

「たかだかセミナーに100万円なんて高すぎる！」

最初からそう結論づける人も多いでしょう。

確かに100万円という値段は、少なくともお手頃な価格帯ではありません。

しかし、金額だけを見て「高いから買わない」と結論づけるのは、バーゲンで「安かったから」といって不要な服まで買ってしまうのと同じ行動パターンになってしまいます。

本当に大切なのは100万円という価格ではなく、「そのセミナーに100万円以上の価値があるのか？」という点です。

例えば、「100万円のセミナーに参加した人は、全員1000万円もらえるよ」と言われたらどうでしょう。誰かからお金を借りてでも参加したいと思いますよね。中にはアルバイトを複数雇ってセミナーに行かせる人も出てくるかもしれません。

これは100万円のセミナーに1000万円というわかりやすい価値があるからです。

もちろん、現実にそんなおいしい話はありません。

内容のあるセミナーでも、せいぜい「100万円のセミナーだけれど、参加して言われたことを全部実行した人は1000万円くらいの利益は出るけど、何もやらなかった人は1円の利益も出ないよ」という感じでしょう。

つまり、100万円のセミナーが高いかどうかは受講する人次第なのです。

受講者がそのセミナーから学んだノウハウを生かして生涯賃金を1000万円増やすことができたら、安い買い物となります。逆にセミナーを受けて何も行動せず、何も人生が変わらなかったら、100万円どころか1000円のセミナーでも高い買い物となります。

受講する人がそのセミナーから何を得て、その後の人生がどう変わるかによって、

１００万円以上の価値があったり、逆に１円の価値もなかったりするのです。

しかし、じつは１００万円のセミナーにはもう１つ隠された効果があります。

人はお金を払うことで「払った分を回収しよう」と自分の行動にコミットします。そのため、全く同じ内容のセミナーでも、無料より１００万円払ったほうが、参加者が圧倒的な結果を出すのです。

これはセミナーを受ける側の態度に違いが生じるからに他なりません。

無料のセミナーは無料というだけで「価値が低い」ような錯覚を受けます。同様に１００万円のセミナーは１００万円というだけで「価値が高い」ように感じます。この感じ方の違いが、セミナーを受ける人の行動にもつながるため、圧倒的な結果の差が出るのです。

この現象はセミナーに限らず、例えば本を読む場合などでも、友人から借りた本よりも、自分のお金で買った本のほうが、きちんと読んで内容も覚えているものです。

一方で、世の中には無料情報が大好きな人達も一定数存在します。

ネットで検索をすれば大体の表面的な情報は手に入るので、情報は無料で当然と思っている人達も多くいます。

しかし、ネットの情報は無料であるがゆえに広告目的の情報も多く、扱いに注意が必要です。

一歩間違えると、役に立たない無料の広告情報を収集することが癖になってしまい、時間だけが浪費されていくことになりかねません。

そうならないためにも、価格ではなく価値に重きを置いて考える癖をつけるとよいでしょう。

投資家は、価値がないと思われるセミナーにはたとえお金をもらっても行きません。しかし、価格以上の価値があると判断したセミナーには、いくらお金を払ってでも行きます。

消費者は真っ先にモノの価格を見ますが、投資家はモノの価値を見ているのです。

企業の信用VS個人の信用

少し前の時代は、情報に価値があると思われていました。

しかし、今はインターネットの普及によって情報量が桁違いに増え、玉石混淆の状態になってしまいました。

グーグル検索の上位に表示されるのは、企業がお金を払って出している広告か、アクセス数を稼ぐことを目的としたアフィリエイト情報がほとんどです。

情報発信者にとって都合のよい情報で検索上位が埋め尽くされ、何が本当に正しい情報なのかがわかりません。

情報に価値のある時代はもう終わり、これからの時代は「信頼できる情報」にこそ価値があります。

そういった意味では、企業が発信する情報よりも、信用のある個人が発信する情報のほうが力を持つようになりました。同じ情報でも金銭的な見返りがない人から発信された情報のほうが信頼できるからです。

例えば、あなたがハワイ旅行を計画していて、ホテルを探しているとします。グーグルで「ハワイ　ホテル　おすすめ」と検索すると、上位にはホテル予約サイトの広告が表示されます。しかし、このホテル予約サイトがお勧めしているホテルは、果たして本当に信頼できる情報なのでしょうか。

客観的な事実を1つ挙げると、ホテル予約サイトとあなたの利害関係は完全には同じ方向を向いていません。

ホテルを探している多くの人にとって「良いホテル」とは、「価格に対して快適なホテル」です。もちろん人によって立地を重視したり、ベッドの寝心地を重視したりしますが、コスパの良いホテルという欲求は共通しているはずです。

しかし、ホテル予約サイトにとってユーザーに予約させたい「良いホテル」とは、「利益が多くとれるホテル」なのです。

つまり、ホテル予約サイトが推奨する「良いホテル」はユーザーにとってコスパが悪いホテルの可能性が高く、ユーザーにとって「良いホテル」はホテル予約サイトにとって「利益の低いホテル」である可能性が高いのです。

もちろん、そんなあからさまなことをすればユーザーは離れていくので、ホテル予約サイトも「ユーザーにとって本当に良いホテル」もしっかりと上位に表示するようにしていると思います。しかし、お互いの立場上、ユーザーからするとどうしても相手のお勧めを「そのまま鵜呑みにできない」と感じてしまうのです。

ここで登場するのが、個人ブログです。毎年ハワイに行っている人が個人ブログで「このホテルは値段に対してコスパがよいのでお勧め」とか「ここのホテルは値段に対してサービスがよくないからもう泊まらない」といった情報があったらどうでしょう。多くの人はそのままブログの内容を参考にするのではないでしょうか。

これは、ブログの情報発信者がホテル側と利害関係のない立場で情報を発信しているからです（もちろん実際はアフィリエイト記事という場合もありますが）。

例えるなら、不動産営業マンのいうお勧め物件は信用できないけれど、友人のいうお勧め物件は見てみようと思うのと同じです。また、広告などで見たお勧めレストランは特に気にならないけれど、知人がおいしいと言っていたレストランには行ってみたいと思うのも同じです。

広告があふれている現代において、価値のある情報とは「信頼できる人が発信している情報」なのです。企業が大金をはたいて作った広告よりも、個人の何気ない一言のほうがはるかに信用される時代なのです。

仮想通貨の本当の正体

２００９年に登場したビットコインの価格は一時期2万ドルを超え、その価格変動率の大きさから、投資家だけに限らず多くの人々が熱中しました。

一方、取引所がハッキングされて大量の仮想通貨が流出する事件も起きています。

また、ＩＣＯにより有象無象のコインも数多く出てきて、詐欺のような案件も増えました。

そういった有象無象の仮想通貨は英語で「shit coin」と呼ばれており、直訳すると「クソコイン」なのですが、それだと印象が悪すぎると「shit coin」を発行する団体から苦情が相次いだので、仕方なく「草コイン」とすることにしました。ちなみにこの「草」の意味は、ネットスラングでもある「笑」という意味の「www」が草のように見えることからきています。

そんな仮想通貨ですが、まだまだ大きく上昇して、いずれ法定通貨を超えるという人もいれば、ただのバブルだという人もいます。

ではその正体とはいったいなんなのでしょうか。

結論から言うと、ビットコインを含むすべての仮想通貨は「偽札」です。姿形はありませんし、その通貨の価値を担保するものも何もありません。

それなのに、なぜ価格がついているかというと、みんなが価値あるものと信じているからです。

「偽札」でもみんなが信じればそれは「本物のお金」になります。

そういった意味では、政府の発行する法定通貨もすべて「偽札」です。

もともとお金には価値のあるものとして「金（ゴールド）」が使われていました。しかし、金は産出量が限られている上に、とても重く日常使いでは非常に不便です。

そこで、あるところに金を保管しておき、保管してある金と交換できる引換券を発行する人が出てきました。

そうすると、そのうち人々は本物の金ではなく、この引換券で直接ものの売買をするようになりました。これを見た政府は「本物の金じゃなくてもお金として機能するんだ！」と気がつき、そこから金と交換できる「紙幣」が生まれました。

しばらくすると政府は「もう金との交換をなくしても、紙幣だけで十分機能するのでは？」と考え、「今日から金と交換するのやめるわ！」と突然発表したのです。これが１９７１年に起きた「ニクソンショック」です。

今世界中で使われているアメリカドルですら米国政府（正確には米連邦準備制度＝

ＦＲＢ）が作った偽札なのです。

海外で何かを買う時に日本円は受け取ってもらえなくても、米ドルであればほとんどの国で受け取ってもらえます。それだけ米ドルがお金としての市民権を得ているということですが、米ドルがお金として機能しているのは、世界中の人達が価値があると信じているからなのです。

そう考えると、お金はある意味「宗教」であるとも言えます。

またお金に限らず、人が本物と信じるために必要なのは、「権威からのお墨付き」です。自分で本物か偽物か判断できる人はほとんどいません。多くの人は他人が下した判断をそのまま鵜呑みにして信じます。

ここに2つのブランドバッグがあったとします。片方は偽物で片方は本物です。偽物の出来が本物そっくりであれば、多くの人はどちらが本物かわかりません。そこで頼りにするのが、「正規店で買った」とか「鑑定書付き」という権威からのお墨付きです。そのお墨付きさえあれば、人は安心して「本物」だと信じることができます。

しかし、そんな政府が発行している法定通貨も、完全に安心できるわけではありません。歴史を振り返ると、過去にさまざまな国で幾度となく預金封鎖が行われてきました。昨日まで当たり前のように使えていた銀行口座が、今日から使えなくなってしまうのです。

国が預金封鎖を行う目的は、国民が銀行に預金している資産に課税するためです。

〔預金封鎖実施例〕

1933年3月4日　アメリカ
1946年2月17日　日本
1990年3月15日　ブラジル
2001年12月1日　アルゼンチン
2002年7月30日　ウルグアイ
2013年3月16日　キプロス

あまり知られていませんが、じつは日本でも1946年に預金封鎖が起きています。この時もいきなりすべての国民の銀行口座が封鎖され、自由に引き出しができなくなりました。それから、政府は新しい日本円を発行し、今まで使っていた日本円は一切使えなくなりました。

預金封鎖後には銀行口座の引き出し制限が行われ、毎月引き出しできる金額の上限は今の価値に換算して約15万円ほどになりました。同時に、その時国民が保有していた財産には最大で90%の税が課され国に没収されました。

このような、もはやヤクザ顔負けの一方的な預金封鎖と資産没収が、実際に日本政府によって行われたことがあるのです。この預金封鎖のリスクは、財政赤字の膨らむ今の日本においても決して無視できません。

政府は赤字を解消する最後の手段として、「国民の預金を封鎖して没収する」という核スイッチをいつでも押せるのです。しかも合法的に。

仮想通貨がここまで大きな存在になったのは、こうした政府の発行した法定通貨を完全に信用できないと考える人々がいたからという背景もあります。

ある日突然やって来る預金封鎖から自分の資産を守るためには、さまざまな国へ資産を分散させるか、仮想通貨のような特定の国に依存しない次世代の通貨を持つことがとても有効となるのです。

実際に2013年にキプロスで預金封鎖が行われた時も、仮想通貨で資産を持っていた人達は没収を免れたといいます。

そう考えると、これからの時代において、仮想通貨のような非中央集権型の「偽札」にお金が流れ込むのは自然な流れなのかもしれません。

仮想通貨の成長性

よく1ビットコイン100万円が高いか安いかという議論を耳にしますが、そういった議論は、千切りされたキャベツのひと切れを手に取って「これで0・01円なんだけど高いかな?」と言っているのと同じです。キャベツの値段が高いか安いかは、丸ごと1個の値段を提示してくれないとわからないですよね。

それと同じで、1ビットコイン100万円が高いか安いかという議論をしている人には価格しか見えていないのです。大切なのは価格ではなく価値を見極めることであって、価値を見極めるためには時価総額を見る必要があります。時価総額とは、その通貨をすべて買い占めた時にかかる金額で、先ほどのキャベツを例にとると、丸ごと1個キャベツを買った時の値段が時価総額です。

例えば、1ビットコイン=50万円くらいのレートの時のビットコインの時価総額と、他の金融商品や個人資産の時価総額を比べたものが次の図です。

このように時価総額で比べてみて初めて、その仮想通貨にどのくらいの存在感があって、これからどれほどの成長余力があるのかを議論することができるようになります。

ビットコインが円、ユーロ、ドルなどに取って代わると考える人が、この当時「時価総額で法定通貨と比べた時に、少なくとも10倍の成長余力があるから投資をしている」と言うのであれば納得できます。しかし、多くの人は時価総額という言葉すら知らず、ビットコインの「価格」だけを見て投資をしているのも事実です。

そういった市場参加者が多いので、目先の価格に一喜一憂して取引する人も多くなり、価格が乱高下してしまうのです。

このようにして時価総額で考え、世

Putting the World's Money into Perspective
（ビットコインと世界のお金との比較展望）

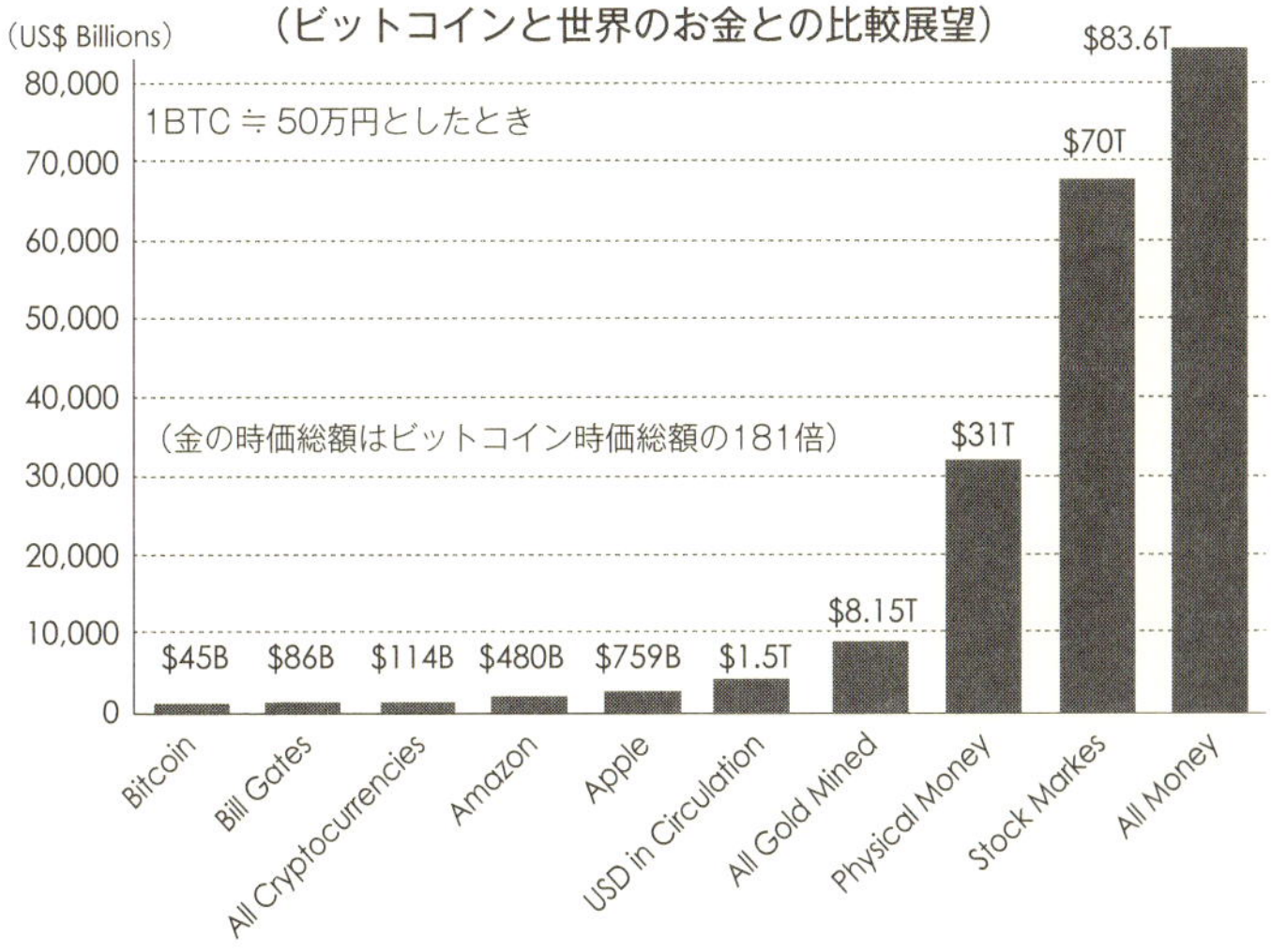

（出所：CoinMarket Cap, Bloomberg, Ycharts, FRED, HowMuch.netより）

時価総額別の通貨（1BTC＝190万円のレートで換算した場合）

	順位	通貨名	10億（米ドル）	日本円（兆円）
	1	US Dollar（アメリカドル）	1,424	150
	2	Euro（ユーロ）	1,210	130
	3	Chinese Yuan（中国元）	1,000	110
	4	Japanese Yen（日本円）	856	93
	5	Indian Rupee（インドルピー）	250	27
※	6	Bitcoin（ビットコイン）	180	19
	7	Russian Ruble（ロシアルーブル）	117	12
	8	Pound Sterling（イギリスポンド）	103	11
	9	Swiss Franc（スイスフラン）	76	8.3
	10	South Korean Won（韓国ウォン）	74	8.1
	11	Mexican Peso（メキシコペソ）	72	7.9
	12	Canadian Dollar（カナダドル）	59	6.4
	13	Brazilian Real（ブラジリアンリアル）	58	6.4
	14	Australian Dollar（オーストラリアドル）	55	6
	15	Saudi Riyal（サウジアラビアリアル）	53	5.8
	16	Hong Kong Dollar（香港ドル）	48	5.2
※	17	Ethereum（イーサリアム）	44	4.8
	18	Turkish Lira（トルコリラ）	36	3.9
	19	Singapore Dollar（シンガポールドル）	27	2.9
※	20	Bitcoin Cash（ビットコインキャッシュ）	24	2.6
※	21	Ripple（リップル）	10	1.1
	22	Swedish Krona（スウェーデンクローナ）	9	0.9
	23	South African Rand（南アフリカランド）	6	0.6

※仮想通貨

の中に存在する通貨や企業と規模を比べることで、今どのあたりまで成長してきていて、ここからの成長余力がどの程度あるのかがわかります。大きな目線で投資フェーズを捉えるためには、時価総額というモノサシを使って考えることが必須なのです。

億万長者を量産する仮想通貨のカラクリ

仮想通貨で資産が1億を超えた人は「億り人」と呼ばれていますが、なぜこんなにも多くの億万長者があっという間に誕生したのでしょうか。

もちろん、仮想通貨の価格が勢いよく上昇したことも理由の1つですが、そこには投資の世界ならではの恐るべきカラクリがあったのです。それをここで説明していきたいと思います。

話をシンプルにするために、仮にAさんが新しく作られた仮想通貨（コイン）を10枚持っていたとします。当然ながらこの時点ではこのコインには何も価値はないので、時価総額はゼロです。

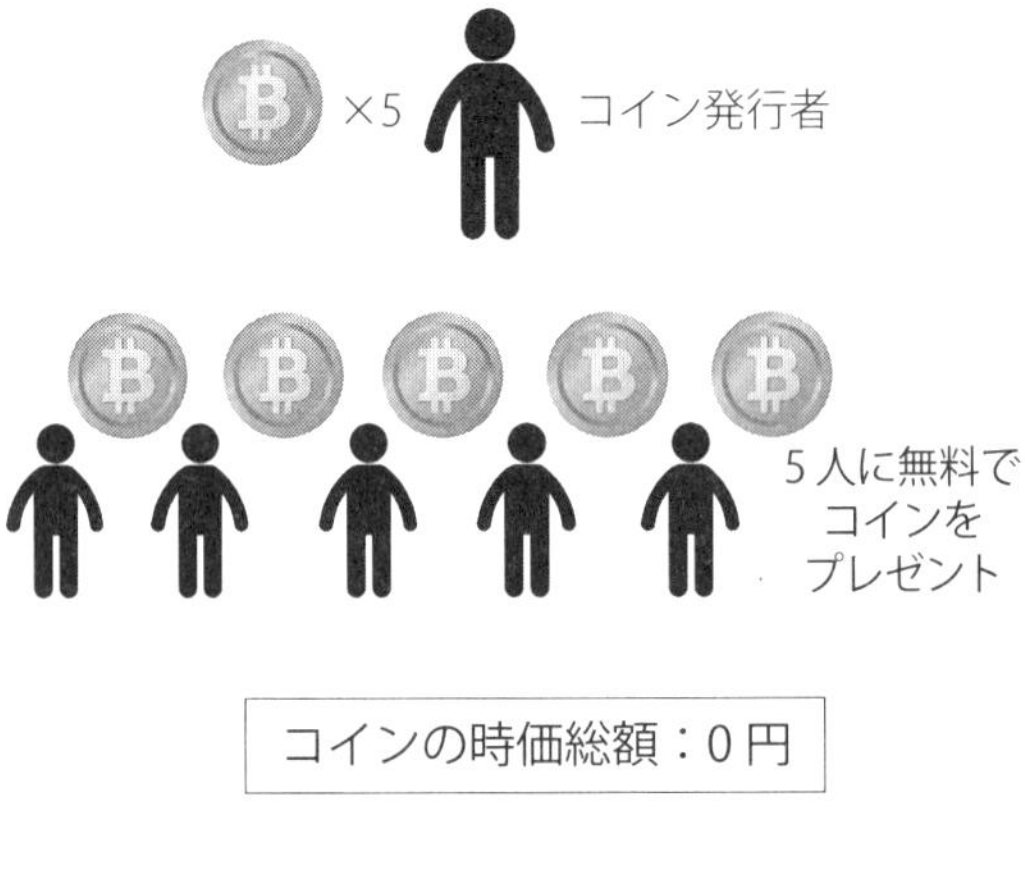

次に、Aさんは持っているコインを、5人の友人に1枚ずつプレゼントしました。

そうすると、このコインはAさんが5枚、5人の友人が1枚ずつ持っていることになります。当然この時点でもこのコインには何も価値はありません。

問題はここからです。

Aさんからコインをもらったうちの1人が、「このコインはものすごく価値があって、将来絶対に値上がりするよ！」と言って、そのコインを他の投資家に1億円で売ってしまいました。

そうすると、どうでしょう。

実際に動いたお金は1億円にもかかわらず、コイン1枚に1億円の値段がついたのでコインの時価総額は10億円になり、コインを持っていた人はあっという間に全員億万長者になってしまいました。

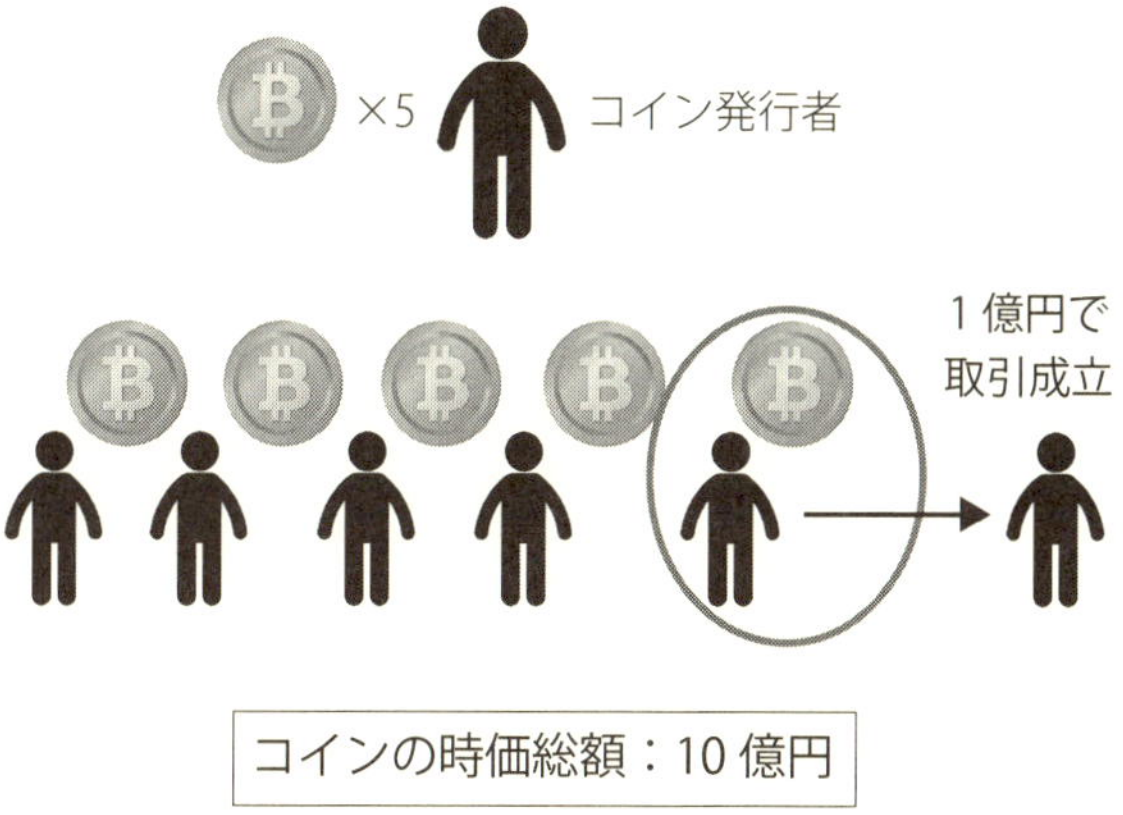

これが、仮想通貨で億万長者が量産されるカラクリです。

仮想通貨取引においては、たった1単位のコインでも取引が成立すれば、その取引が成立した価格がすべてのコインに反映されてしまうのです。

誰かが1億枚の新しい仮想通貨を発行して、そのコインを1枚だけ1円で友人に売ったとすると、その瞬間にコインの時価総額は1億円になってしまうのです。

このようにして、仮想通貨の世界では日々瞬時に億万長者が量産されています。

しかし、彼らの資産はあくまで評価額なので、全員がすぐに法定通貨に交換できるかというとできません。1億円分のコインを持っている人全員が1億円の法廷通貨を手に入れるためには、そのコインを1億円で買ってくれる人を同じ数だけ見つけてくる必要があるのです。


仮想通貨の価格は完全に売買する人の需要と供給によってのみ決まります。

新しくそのコインを買う人が増えれば価格は上昇し、そのコインを売る人が増えれば価格は下落します。

そして、もしコインを持っている人達が一斉に売り出した時に、誰もそのコインを買ってくれる人が現れなかったら、そのコインの価値はゼロになってしまうのです。

お金で買えないものはない？

「お金で買えないものはない」

いかにも映画に出てくる悪者のセリフですね。現実世界で成功した経営者などがこういった発言をすると、あっという間にメディアに取り上げられ袋叩きにあうでしょう。

一方で「お金で買えないものにこそ価値がある」というフレーズは美徳のように取り上げられ、多くの人から賛同が得られる傾向にあります。

どちらの言い分にもそれなりの説得力があるため、ケースバイケースで各自が自分の好きなほうを選んで採用すればよいと思います。

しかし世の中には「すべてのものをお金に換算する」学問があるのです。

世の中に存在するすべてのモノや出来事をお金に換算する学問、それが「ファイナンス」です。

例を挙げると、教育、人の命、結婚、健康、人間関係、精神的苦痛など、「こんなものまで？」と思うようなものまで値段をつけ、お金に換算するえげつない学問です。

教育はお金を払えばよりよい環境で教えてもらうことができますし、健康もお金を払えば最先端の医療を受けることができます。

人の命の値段は、その人が生きていれば本来受け取れたであろう利益（逸失利益）を元に算出されます。これは死亡事故や強い後遺症などが残った事故などの賠償額を算出するために、裁判所や保険会社では日常的に使われている考え方です。

また精神的苦痛なども、「慰謝料」という形でお金に換算されています。例えば、浮気が原因で離婚になった場合の慰謝料の相場は200～300万円と言われています。

そのほかの名誉毀損、嫌がらせ、ストーカー被害などによって得た精神的苦痛もその時のケースに応じて慰謝料が算出されます。

イギリスのロンドン大学では「人間関係における『幸福度』と『不幸度』をお金に換算するといくらになるのか」という研究が行われています。人間が友人や家族などの身近な人との関係から得られる幸福感を分析し、それをお金に置き換えると次のようになります。

【幸福度をお金に換算した価値】（年間）
月1で友人や家族に会う時の幸福度：567万円
結婚がもたらす幸福度：614万円
良好な人間関係がもたらす幸福度：766万円
健康状態が改善した時の幸福度：2700万円

【不幸度をお金に換算した損害】（年間）
離婚がもたらす不幸度：199万円
無職がもたらす不幸度：667万円
別居がもたらす不幸度：1492万円
配偶者の死がもたらす不幸度：1800万円

このデータによると、月に1回友人や家族に会うだけでも年間500万円以上の「幸福度」になるそうです。

そしてやはり「幸せ」を感じるためには健康が第一だということがわかります。年間2700万円を稼ぐより、食事や習慣に気を使って、健康をしっかり維持するほうがはるかに手軽に幸せになれるのです。

別居がもたらす不幸度が約1500万円に対して、離婚がもたらす不幸度は約200万円と少ないのは、良好でない関係がずっと続くよりは、いっそ別れてしまったほうが幸せになれるということでしょう。

もちろん、世の中のすべてをみんなが納得する形でお金に換算することはできません。当然お金だけでは解決できないこともたくさんあります。しかし、私達が生きるこの資本主義社会では、ほぼすべてのものに値段がつけられているのもまた事実です。

お金で幸せは買えるのか？

「お金で幸せは買えるのか？」

これもまた人類の永遠のテーマの1つではないでしょうか。

どんな宗教や自己啓発の本にも「お金で幸せは買える」なんて身もふたもないことは書いてありません。

「幸せはお金で買えない」

これが世間一般では正しいとされる定説であり、美徳でもあります。

しかし、今回はあえてこの定説を否定したいと思います。

お金を正しく使えば、幸せはお金で買えるのです。

ハーバード大学の准教授であるマイケル・ノートン（Michael Norton）はこんな実験をしました。

ある朝、バンクーバーにある大学のキャンパスで、学生にお金とメモの入った封筒を渡しました。

封筒に入っているお金は5ドルか20ドルのどちらか。そして封筒にはもう1つメモを入れました。ある封筒には「午後5時までに、このお金を自分のために使ってください」と書かれたメモを入れ、ある封筒には「午後5時までに、このお金を誰かのために使ってください」と書かれたメモを入れて渡しました。

このお金とメモの入った封筒をいろいろな学生にランダムに配りました。

夜になると封筒を渡した学生たちを呼んで、「何に使いましたか？　今、どれくらい幸せですか？」と聞きました。

多くの学生は自分のためにアクセサリーを買ったり、化粧品を買ったりしました。ある人は姪っ子のためにぬいぐるみを買い、またある人はホームレスにお金をあげていました。スターバックスのコーヒーを買う人もたくさんいました。メモのとおりに自分のためにコーヒーを買う人もいれば、誰かのためにコーヒーを買う人もいました。

次に幸福度を聞いてみると、「他人のためにお金を使った人」のほうが「自分のためにお金を使った人」よりも幸せを感じているという結果が出たのです。

「他人のためにお金を使った人」はみな幸福度が増したと答えたのに対して、「自分のためにお金を使った人」は幸福度に何も変化がなかったのです。

もう1つわかったことは、「使う金額は関係なかった」ということです。5ドルよりも20ドルのほうが幸せになりそうな気もしますが、実験では使う金額に関係なく、誰かのためにお金を使ったほうが幸福度が増すという結果が出たのです。

この実験はカナダとウガンダの2つの国で行われ、同じような結果が出ました。

世界中で世論調査を行うことで知られるギャラップ社は、「最近寄付しましたか？　また、自分の人生にどれくらい満足していますか？」といった質問を世界各国でしました。その結果、ほぼすべての国で「人にお金をあげたほうが、自分で持っているよりも幸せになれる」ということがわかったのです。

これらの実験や調査から「金額にかかわらず、人は他人のためにお金を使うと幸せになれる」ということがわかったのです。

多くの人が「お金で幸せは買えない」と思うのは、お金の使い方を間違っているからです。自分のためにどれだけお金を使っても、それ以上は何も生まれません。

「どっちの製品を買ったほうが幸せになれるだろうか」「自分のために何を買ったら幸せになれるか」と考えるよりも、「ほかの人を幸せにするのに、何ができるだろうか」という考え方をしたほうが結果的に自分が幸せになれるのです

第4章 投資の世界へようこそ

真冬の大行列の先にあるもの

年末になると、人々がダウンコートを着て行列をなしている光景を見ることが増えます。その列の先には「当店で1等5億円が出ました！」という大きな文字のPOP。そう、彼らが並んでいるのは、宝くじを買うためです。

ある日のニュースには、こんな記事が掲載されていました。

1等と前後賞合わせて3億円の「年末ジャンボ宝くじ」が、全国一斉に発売された。東京・銀座の売り場には、午前8時半の販売開始前に約1000人の列ができた。1番窓口で先頭にいた横浜市の男性会社員（57歳）は約46時間、待ち続けたという。「当たる確率が高まるわけではないけれど、一番がいいと思って」と話していた。

日本宝くじ協会の調査によると、「宝くじを購入したことがある人」は全体の約8割で、さらに全体の2人に1人が年に1回以上宝くじを購入しているそうです。

宝くじは別名「愚か者に課せられた税金」とも呼ばれていますが、この数字はまさに日本の金融リテラシーのレベルの低さを物語っているように感じます。

日本の宝くじの還元率は約47％で、300円の宝くじを買った時の期待値は約140円です。

これを販売者の目線で考えると、100万円分の宝くじが売れたら53万円を自分のポケットに入れて、残った47万円を当選者で山分けしてね、という丸儲けビジネスです。参考までに、宝くじを買うための資金100万円を準備して、毎年宝くじを買った時の資金推移は次のようになります。

開　始：100万円
1年目：47万円
2年目：22万円
3年目：10万円
4年目：4・8万円
5年目：2・3万円
6年目：1・8万円
7年目：5000円

8年目：2400円
9年目：1100円
10年目：520円
（※100万円を元本に還元率47％の宝くじを毎年1回購入したと仮定）

毎年1回宝くじを買い続けると、100万円は3年で十分の一になり、10年後にはたったの520円になってしまいます。

宝くじを一般の個人や会社が発売することは刑法第187条で禁止されており、国家が販売する宝くじ以外は購入できないように法律で決められています。

なぜ国家の独占事業になっているかと言うと、「ものすごく儲かるから」です。紙に数字を印刷して売るだけで、売り場に行列ができるのです。そんな簡単に儲かる商売をほかの人に真似されたくないから法律で禁止しているのです。

カジノなども同様で、多くの国で規制されています。シンガポールのカジノは入口でIDチェックが徹底されていますが、これは外国人しかカジノに入れないようにするためです。自国民がギャンブル中毒になるのは困るけれど、外国人にはお金を落としてもらいたいのです。

それだけ購入者が損をする仕組みにもかかわらず、なぜ宝くじを買う人が減らないのでしょうか。もちろん損をしていることすら「知らなかった人」もいると思いますが、多くの人が理屈ではなく「感情」で宝くじを買っているからです。
「少額を損をする可能性が高くても、一発逆転を狙いたい」（楽して儲けたい心理）
「当たる確率が低いのは知っているが、自分は当たるかもしれない」（認知バイアス）
「すでに何年も買い続けているので、今買うのをやめたら損する」（サンクコストバイアス）
こういった感情が論理的な判断を邪魔して宝くじの購入を促進しているのです。
しかし、優れた投資家は、期待値がマイナスのギャンブルは決してしません。

米国では「自分が貧しいと感じている人ほど宝くじを買う傾向が強い」という調査結果が、専門誌「Journal of Behavioral Decision」などで発表されていますが、これは自分が貧しいと感じている人ほど感情によって購買判断をしているとも捉えることができます。

感情によって行動する人達が、万が一宝くじに当たったとしても、その当選金の多くは数年後、全く手元に残っていないでしょう。

お金持ちになりたいのであれば、少なくとも宝くじは絶対に買ってはいけない投資商品であることは間違いありません。

日本人の金融リテラシー

日本の教育では、金融リテラシーについての授業が全くありません。そのため、お金について何もわからないまま社会人になってしまう人も多くいます。今でこそお金に関する本なども書店に並ぶようになりましたが、それでも自分で勉強しないと、お金や投資について学ぶ機会はありません。

それに比べて、他の先進国ではかなり早い段階から金融教育が行われています。

■イギリス

11～16歳を対象として、シチズンシップと呼ばれる必修科目である金融教育が行われている。また数学に「金融における利率」「単位価格」など金融に関する内容が盛り込まれている。

〈学習内容〉貨幣の役割と使用、予算を立てることの重要性と実践、リスク管理、所得と支出、クレジットと借金、貯蓄と年金、金融商品と金融サービス、そして税金がどのように集められどのように使われるか、利率の計算など。（すべて16歳までの必修科目）

■アメリカ

全米に共通する教育課程は存在せず、各州、各学校、各団体によってそれぞれ金融教育がなされている。金融や経済に関するシミュレーション・ゲーム教材が数多くオンライン上で無料公開されており、教師が授業として取り組むことで教育効果が上がるように設計されている。

〈学習内容〉貯金、予算、プリペイド／デビット／クレジットカード、あなたの信用度、財政難にある人々をどう助けるか、株式投資ゲーム、お金の管理、ファンドへの投資など。

■オーストラリア

個人のライフプランから見たお金を教育する、パーソナル・ファイナンスを意識したカリキュラム内容。義務教育でもある小学5年生から高校1年生で「経済とビジネス」が教育され、高校2年からは「経済学（Economics）」とさらに専門的な内容になる。

〈学習内容〉資源の配分と選択、ビジネス環境、消費者や金銭管理者としての能力、将来の仕事、希少性、機会費用、生産、競争、供給と需要、トレードオフ、マクロ経済、ミクロ経済など。（すべて小5～高1の義務教育）

■ニュージーランド

ニュージーランド国民としての金融経済の豊かさを目標とした国家計画として、金融経済教育を整備。5~6歳の子どもが実際に銀行口座を持って預金を管理するプログラムがあり、預けたお金には実際に利子がついて毎月取引明細が届く。

〈学習内容〉ニーズ、ウォンツ、経済成長、市場、フェアトレード、生産者、消費者所得、支出、家計管理、家計の目標設定、価値の多様性の学習、価値とそれに基づいた行動の分析など。(高校生までの学習範囲の1例)

■ドイツ

学校教育において本格的な経済教育が開始されるのは、一般的に小学校5年生から。教育に関する権限は基本的に個々の州にあり、金融教育の内容も州ごとに作成される。

〈学習内容〉貨幣の意味、収入源、経済における商品と貨幣の流れ、宣伝による消費行動への影響、価格形成のメカニズム、電子商取引によって変化した消費者の行動、企業の目的など。(高校2年生までの学習範囲の1例)

このように、海外の先進国では金融教育がすでに義務教育のカリキュラムに組み込まれています。

日本では大人でも知らない人の多い金融知識が、海外の中高生の間では「あたりまえ」になっているのです。

このままでは他の国に経済面で大きく引き離されていくことは必至でしょう。

確かに日本で金融教育が広まり国民みんなが自分で投資を始めてしまったら、誰も銀行にお金を預けなくなり、その結果国債も買われなくなるので政府としては非常に困ります。しかし、中長期的な目線で考えれば、国民が積極的に投資をすることで新しいチャレンジをするベンチャー企業にもお金が回り、多くの新しいサービスが生まれ企業が成長してくれることで結果的に国としての税収も増えることになります。

今までは「お金は銀行に預金すべき」という洗脳をし、銀行や政府が国民の代わりにそのお金を投資することで日本が発展してきたかもしれませんが、これからは国民1人ひとりが自分の判断で投資をしなければ、日本国は発展していかないのではないでしょうか。

そもそも投資って何？

投資と聞くと「自己投資」「設備投資」「株式投資」「仮想通貨投資」「外貨投資」などいろいろな言葉を思いつきますが、そもそも投資とはいったい何なのでしょう。

投資には「時間の投資」と「お金の投資」の2つがあります。

多くの人は投資と聞くと「お金がなければできない」というイメージを持ちますが、お金がなくても時間を投資することはできるのです。

例えば、「本を読む」「セミナーを受ける」「ジムで運動する」などは（もちろん多少お金がかかるものの）自分の時間をそこに投資していることになります。

一方、「株を買う」「仮想通貨を買う」「外貨を買う」などは自分のお金をそこに投資しています。

投資をするのが時間であれお金であれ、大切なことは投資の定義を知ることです。

投資とは「より価値のあるものに資産（お金・時間）を移し続けること」です。

実際の価値よりも低い価格がついているものを買って、価値に見合う価格（適正価格）以上になったら売る。そしてその資金でまた、次の価値あるものを探して買う。これの繰り返しが投資です。

モノの価値を見極めて、今ついている価格よりも価値があると判断すれば買い、実際の価格よりも価値が高くなったと判断すれば売る。いわば、価値と価格の乖離を見つけるゲームとも言えます。

買った株が下がってしまい含み損が出ているのに売れずにそのまま塩漬け状態になっている人は、投資の定義を本当の意味で理解していない可能性が高いでしょう。

たとえ含み損が出ていたとしても、今保有している株よりもっと価値のある株を見つけたら、保有株を売って、より価値のある資産に交換するのが投資です。

投資をする際にもう1つ大切なのは、常に機会損失が発生しているという考え方です。

機会損失とは、一方を選んだことによって、もう一方を選べなかったことに対する損失のことです。

誰が見ても上昇する余地のない株をずっと持っている人は、その資産を他の株に移していた時に手にするはずの利益を失い続けているのです。

同様に、自分の時間を投資する場合でも、**必**ずその裏に機会損失が生じることになります。

例えば今この本を読んでいることもあなたにとって1つの投資です。しかし、この本を読んでいることによって、ほかの本を読むための時間を機会損失しているのも事実なのです。

もしくは友人と楽しく酒を飲んだり、家族とゆっくり過ごす時間を犠牲にして、貴重な時間を本を読むことに投資をしているのです。

そして、最後に投資をする順番ですが、まずは「**自己投資**」が**一番大切**です。

株などの金融商品にお金を投資するにしても、自分自身がポンコツだとうまくいかないから

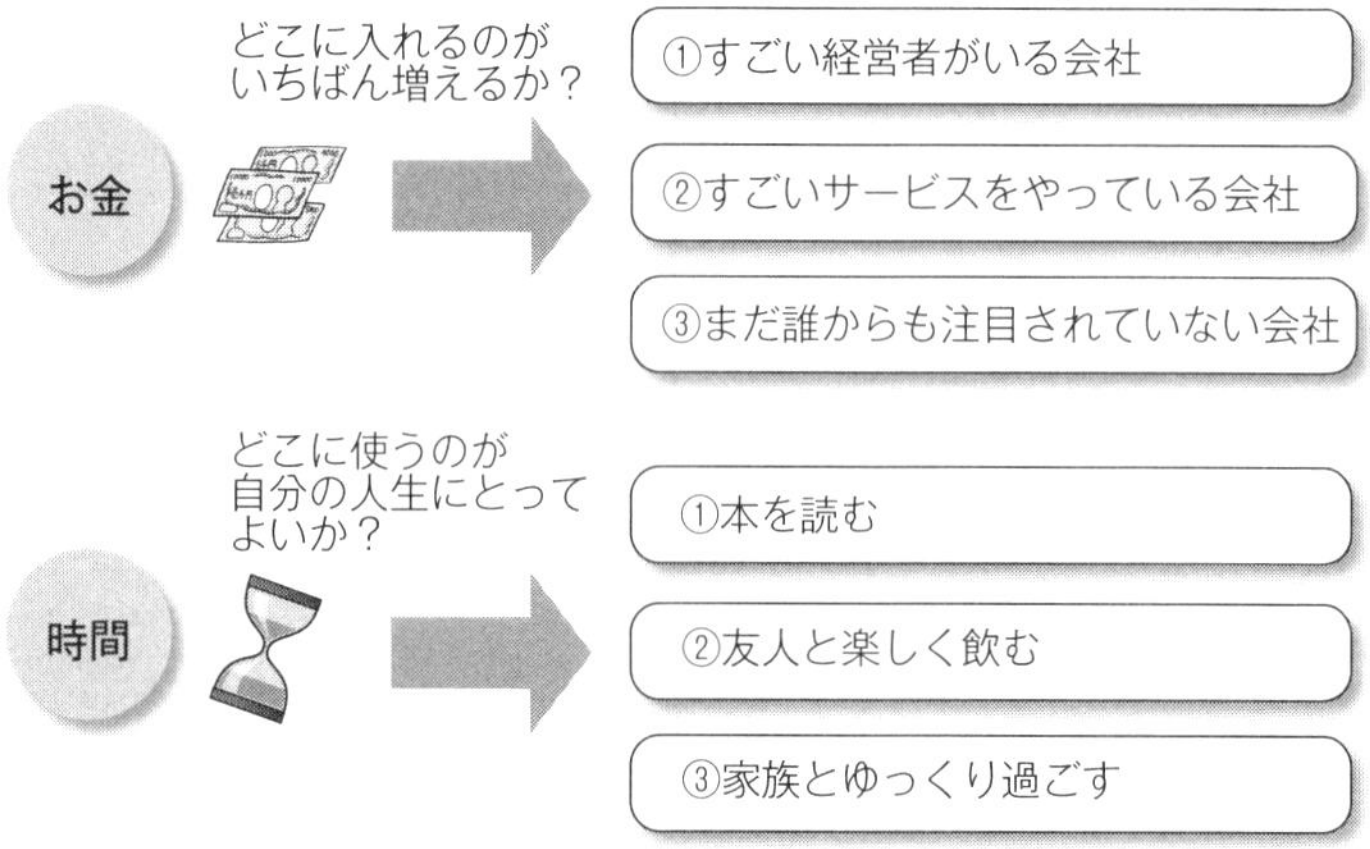
お金
どこに入れるのが
いちばん増えるか？
①すごい経営者がいる会社
②すごいサービスをやっている会社
③まだ誰からも注目されていない会社
時間
どこに使うのが
自分の人生にとって
よいか？
①本を読む
②友人と楽しく飲む
③家族とゆっくり過ごす

です。

まずは投資運用をする自分自身にしっかりと投資をしましょう。ここでいう自己投資とは、自分の時間を使って投資の知識を身に付けるということです。

自己投資といっても、方向性は無数に存在します。

例えば資格を取ることも1つの自己投資ですが、その資格を取った先のビジョンがない状態で「とりあえず取っておこう」ではただの時間の無駄となってしまいます。

自分が今何に時間を使っているのか再度きちんと見直してみましょう。

そして無駄なことに時間を使っているとしたら、それを完全にやめることもまた、立派な投資判断です。

株価が上下するのはなぜ？

株価が上がったり下がったりする理由をレストランを例にとって見ていきましょう。

例えば、あなたが友人２人と新しいレストランを立ち上げるとします。

最初に３人で１００万円ずつお金を出し合って、このお金をレストランの立ち上げ費用にあてます。

幸いなことに立ち上げたレストランは順調にお客さんが増え、毎月30万円ほどの利益が出せるようになりました。

そこで、最初にお金を出した３人でその利益を分け合うことにします。１人あたり毎月10万円の取り分になります。

そのレストランはさらに2号店、３号店と順調に拡大していき、ついには毎月３００万円もの利益を上げることができるようになります。そうすると、最初にお金を出した３人には１人あたり毎月１００万円の利益がもらえます。

このように最初にお金を出した3人はレストランの儲けをもらう権利を持っているのです。
そんなある日、3人がケンカをして、1人が「もう抜ける」と言い出しました。そして持っていた「レストランの利益がもらえる権利」を市場で売りに出します。

毎月100万円ものお金がもらえる権利は、あっという間に1000万円で売れてしまいました。

その人は、最初にレストランを立ち上げる時に100万円出しているので、900万円の儲けです。

この「利益がもらえる権利」こそが株なのです。

もともと100万円だった株が、レストランが繁盛して儲けが増えたことによって、1000万円に化けました。これが株価が上がる仕組みです。

ところが、順調に拡大していたレストランですが、ある日、このレストランで食中毒が起きました。レストランで出した食材が原因のようです。

そうすると、1000万円でこのレストランの株を買った人はもう大慌てです。

「食中毒なんか出したら、もうお客さんが来なくなって潰れてしまうかもしれない」と焦ります。お客さんが来なくなったら当然利益も減るので、自分の取り分も少なくなります。だったら、今のうちに持っている株を売ってしまおうと思うわけです。

「1000万円で買った株だけれど、800万円で誰か買ってくれない?? 誰も買わない……わかった、だったら500万円でもいいから誰か!」

このようにして株価は下がります。

会社が儲かると、その会社の株を持っている人達（株主）がもらえる利益も増えるので株価は上がります。逆に会社の儲けが減ると、株主がもらえる利益も減るので株価は下がります。

この例を見ると、株価が上がる条件としては「レストランが流行る」ということです。レストランが流行れば、売上も利益も上がるので、株価も自然と上がります。つまり、上がる株を見つけるというのは、流行っているお店を探すことと同じなのです。

ここだけのおいしい儲け話

投資をやっているといろいろな儲け話を耳にします。

「月利5％のファンドに投資しませんか？」

「月利15％の短期案件があるのですがいかがですか？」

「FXの自動トレードで毎月10％は安定的に利益がとれます」


以前、「昔の天皇が遺した隠し資産を受け取りませんか？」なんていう話もありました。

その男性は宮崎からこの話をするためにわざわざ東京まで出てきたそうです。彼が言うには、「昔の天皇が遺した表に出せない数百億単位のお金がある。それを日本の国のために役立てるべく配分するプロジェクトがあって、自分がそれを紹介できる立場にいる人間だ。それで……そこに投資をすると最低でも2～3か月で10倍にはなる」と。

もう、どこから突っ込んでよいのかわからないくらい突っ込みどころが満載でした。

ある時にはオンラインカジノで稼げるシステムがあって、それに出資しないかと持ちかけられたこともあります。実際にそのシステムを見にいくと、バカラのオンラインカジノにつなげるシステムで、勝負ごとにどちらの勝率が何%か表示されるようなものでした。

そこで、どういうロジックになるのか聞いてみると、「過去のデータをすべて記録していて、そのデータを元にパターン分析して勝率を出している」という説明でした。

確かに、過去のデータから勝ちパターンを分析することは可能ですが、それはあくまでも過去の勝ちパターンであって、未来の勝ちパターンとはなんの関連性もありません。

もし本当にそんなシステムがあったとするなら、別に出資を集めるなんて面倒なことはせず、自分達だけでコソコソ稼いでいればいいじゃないかと思うわけです。

知人でこんな経験をしている人もいます。

ある人からＦＸの投資話があると持ちかけられ、過去の運用実績もすべて見せてもらったそうです。その実績では月利で５～６%前後で、過去１年間負けたことがなく、きちんと取引履歴もありました。

実際に少額を預けてみたところ、きちんと毎月配当が出たので、「これは本物だ！」と思いさらに多くの金額を預けたそうです。

ところが、それから３か月もしないうちに、その運用をしていた会社と連絡がとれなくなりました。調べてみると、会社すら存在せず、ＦＸで取引をしていた事実もなく、取引履歴はすべてでっちあげられたものでした。そして、お金がどこに消えたかは全くわかりません。

裁判をしようとしても、会社がそもそも存在しないので訴訟する相手がいないのです。また、会社の代表と名乗る人（個人）を相手に訴訟して勝ったとしても、日本国内に差し押さえできる財産がありませんでした。つまり、最終的に出資した人達が泣き寝入りするしかない状況になったのです。

また、ある案件では、ＦＸの自動取引で毎月コンスタントに５％前後の利益を出している状態が１年くらい続いていましたが、ある日突然すべてのポジションが強制的に決済され、口座残高がゼロになりました。これは、表示されている口座残高や毎月の利益はいくらでも書き換えが可能なので、儲かっているように見せて、ある程度お金が集まったタイミングで、大損を出した演出をしてお金を奪っていくという手口でした。

このように、投資の世界では詐欺のような話が蔓延しています。その原因の１つとして、こういった**儲かる話にすぐ飛びついてしまう投資家がたくさんいる**ことが挙げられます。そして、飛びつく理由のの多くが「楽して儲けたい」という心理と、自分にだけは本当に良い話が来ると勘違いしてしまうことによるものです。

まず、理解していただきたいのは、「絶対に儲かる話なんて絶対にない」ということです。万が一そんな話があったとしても、それがあなたのところに来ることはありません。

どんな投資にも必ずリスクはありますし、リスクがない投資は投資ではありません。

何かに投資をする時は、必ず自分の頭で考えて、自己責任で投資をするようにしてください。

最後に、危ない投資案件を見抜くポイントをシェアしておきます。


【ダメな投資案件】
- 相手の方から勧誘してくる
- 有名人の名前が出てくる
- 「確実に」「高い利回り」「ノーリスク」などの言葉が出てくる
- 誰かを紹介したらマージンがもらえる
- 毎月配当がある
- 元本保証とうたっている
- 証券会社の口座ではないところにお金を入金する

まず、相手から勧誘してくる投資話は、その時点でアウトだと思ったほうがよいでしょう。特に知らない相手が勧誘してくる案件はほとんどが最終的にお金が返ってこなくなります。わざわざお金と時間を使って本当にいい投資話を見知らぬあなたにするメリットは、相手にとって何もありません。

また、知人からの紹介で投資をして失敗したという話もよく耳にします。知人に悪気はなく純粋に良かれと思って紹介したにもかかわらず、最終的にうまくいかなくなるパターンが非常に多いのです。

騙すつもりはなかったけれど、結果的に詐欺だったということは本当によくある話です。

毎月配当のあるタイプの投資案件も高リスクです。これは実際にファンドを運営する立場になればわかるのですが、毎月配当を出すということは、その配当分の現金を用意しておく必要があります。これは複利で運用できなくなるので、投資効率としては非常に悪くなります。それにもかかわらず、毎月配当の案件をアピールするということは、実利よりも多くの投資家が好む毎月配当を優先しているからです。

有名人の名前をかたったり、ＭＬＭ（マルチ・レベル・マーケティング）のような仕組みになっている投資案件も基本的にアウトと思ったほうがよいでしょう。

多くの詐欺案件では、実際に配当を出してまず投資家を信じ込ませます。投資家を信じ込ませ有り金をすべて出させてから、いきなり配当が止まり連絡がとれなくなります。そのため、早いタイミングで入金して、早いタイミングでお金を引き出せば本当に儲かることもあります。しかし、中長期的に見ると、実際には多くの案件が跡形もなく消えているので、得られるリターンに対して取るリスクとしては高すぎるでしょう。

投資案件に関する結論としては、ゼロになるリスクを負いたくないのであれば、大手証券会社の口座から買える範囲で投資をするのが一番間違いないでしょう。

とはいえ、日本の大手証券会社も潰れるリスクがないかというと、そんなことはありません。

世の中に「元本保証」は存在しないのです。世に存在する「元本保証」と呼ばれるものはすべて、個人・法人・国家が「保証するよ」と言っているだけです。例えば、その辺の公園にいる知らないおじさんから「元本保証するから100万円貸してよ」と言われても絶対に貸しませんよね。

「元本保証」という言葉に飛びつくのではなく、「誰が保証してくれるのか」そして「その人に保証能力はあるのか」という点をしっかりと考えてみましょう。

今や個人や法人はもちろん、国家ですら簡単に破綻してしまう時代なのですから。

機関投資家VS個人投資家

一般的に個人投資家は機関投資家には勝てないというイメージがありますが、そんなことはありません。じつは個人投資家のほうが機動性の高さや選択肢の多さで機関投資家に優っています。

機関投資家は、顧客からお金を預かって運用しているので、当然ながら「投資をしない」という選択肢はありません。また、決算前や顧客から解約が入った時は売るべきタイミングではなかったとしても現金化するために売る必要があります。

また、投資対象のリサーチよりも、上司や顧客への報告業務に時間が費やされたり、独自のルールによって自由に投資対象を選べないといった多くの制限もあります。

一方で、個人投資家は自己資金なのですべて自由です。機関投資家に比べて資金量も少ないため、小さい会社や、上場したばかりで取引量の少ない会社にも投資することができます。当然、自分のお金なので、どのタイミングで売買しようが文句を言う人はいません。

報告義務もなければ、常に何かに投資しなくてはいけないしがらみもないので、投資先のリサーチにじっくりと時間をかけることができます。

〔機関投資家のデメリット〕

- 資金量が多いので、小型の株には手が出せない
- 投資できる対象に制限がある
- 預かったお金なので「投資をしない」という選択肢がない
- リサーチよりも上司や顧客への説明に時間が費やされる
- 決算前や解約が入った時など売りたくない時に売る必要がある

〔個人投資家のメリット〕

- よい投資先がない時は「投資をしない」という選択肢を持てる
- 自己資金なのでどんなものでも投資対象にできる
- 第三者へ説明する必要がないのでリサーチに時間がかけられる
- 100%好きなタイミングで売買することができる

確かに機関投資家に比べると資金量や情報量は個人投資家のほうが少なくなりますが、

だからこそ、機関投資家が投資できない小さな会社に自分のペースで投資できるのが個人投資家の強みです。

特に自分の働いている業界の変化はリアルタイムにつかむことができるので、消費者目線で企業の良し悪しを判断して投資することも可能です。

世の中の小さな変化や消費者目線の情報を捉えて即座に投資行動に移すことは個人投資家だからこそできる投資スタイルなのです。そういった投資ができるからこそ、短期間で2倍、3倍の上昇も狙えます。機関投資家と戦うのではなく、フィールドをずらして、個人投資家の強みを生かした投資をすることが、個人投資家が機関投資家に勝つための戦略です。

たまごは厳選した1つのカゴにすべて盛れ

「たまごは1つのカゴに盛るな」

多くの投資の本にはそんなことが書いてあります。

確かにポートフォリオ理論では、複数に分散させることでより低いリスクで同じだけの期待リターンを上げることができると証明されています。しかし、初めて投資をする人が分散投資することはオススメしません。

個人で複数の株を持つと、結局どれもよくわからなくなるからです。

知人の投資家で100種類以上の株を持っている人がいますが、実際に話をしてみると、自分がどの株を持っているのかすら覚えていません。

こうなると個別の銘柄を買う意味は薄れてきて、インデックスファンドを買うのと変わらないパフォーマンスになってしまいます。

1人の子どもを世話するのと、10人の子供を同時に世話するのと、どちらのほうがしっかり面倒を見ることができるかをイメージしてみれば容易に想像がつくと思います。

投資の神様として知られるウォーレン・バフェットも「分散投資は何を買ってよいかわからない愚か者がするものだ」と言っています。

特に初心者のうちは、1銘柄への集中投資をお勧めします。なぜなら、1つの銘柄に自分の資産をすべて集中させるには、3つの銘柄に分散投資する時よりも、しっかりとその会社のことを調べてから投資をするからです。

また、投資をした後に値動きやニュースをチェックするなどの日常的なケアも、1つの銘柄であればより丁寧になります。1つの銘柄をきちんと追いかけることによって得られる経験値は計り知れないのです。

もちろん、慣れてきたら複数の銘柄に分散しても問題ありませんが、多くても5つまでに絞りましょう。

「たまごはできる限り1つのカゴに盛れ。その代わりどのカゴに盛るかを死ぬ気で選べ」というのが個人投資家の正しい投資戦略です。

3年で100万円を1000万円に

投資でも「ゴール」を決めることは大事です。

ゴールとは、具体的な目標数値と日付であり、このどちらが欠けてもいけません。

投資は、毎月いくら、毎年何%と、コンスタントに同じ結果を出せるものではありません。

相場にも左右されますし、よい銘柄に出会えるタイミングにも左右されます。

投資においてゴールを決める時は、固執しすぎずに「ざっくりと」決める程度で問題ありません。また、定めた期間中に目標を達成できなくとも、あまり気にしないでください。

投資において、自分の力でコントロールできるのはせいぜい半分程度で、残りの半分は運に左右されます。

また、投資で資産を増やすのは当然時間がかかるものです。

アインシュタインが「複利は人類最大の発明」と発言したことは有名ですが、複利のグラフを見てもわかるとおり、最初のうちはなかなか資産が増えません。

特に投資を始めたばかりの頃は、投資経験も浅いので、なかなか思うように資産は増えていきません。

タイミングや相場によっては、投資前よりも資産が減ってしまう局面もあるでしょう。

投資で資産を増やす過程においては、最初が一番時間がかかるのです。

人によって数か月から数年という差はありますが、最初さえ乗り切れば、後半は知識も経験も身についているので一気に楽になります。

金融資産1億円を超える個人投資家も、みな口をそろえて「投資を始めたばかりの最初の数年が一番苦しかった」と言います。

ここで実際に50万円から投資を始めた会社員の資産推移を見てみましょう。

■Aさん（28歳男性・会社員・投資歴3年）

大学を卒業し都内のIT系会社に勤務

新卒1年目に会社の先輩の影響でFXと株式投資を始める

現在も会社員をやりながら投資家として活動

【開始時：資産50万円】
投資雑誌で推奨されていた定番の米ドルや高金利のオーストラリアドルなどを購入。
ほかにも雑誌で推奨されている株などを購入してみるが、成績はイマイチ。
仕事をしながら投資の本や雑誌などを読んで勉強。
投資を始めて約半年後にＦＸの損失で資産が30万円まで減少。

【1年後：資産１００万円】
ボーナスなどで50万円ほど資金を追加。
投資の勉強を進めるにつれて、ＦＸはゼロサムゲームであることに気がつき株に専念。
仕事で携わっていたゲーム関係の株を購入してみたところ株価が大きく上昇。

【2年後：資産４００万円】
昨年に引き続きボーナスなど１００万円ほどの資金を追加。
前半は資産が伸び悩むが、後半持っていたゲーム株が一気に上昇。
投資にも慣れてきて、伸びる銘柄の共通点もわかるようになってきた。

【3年後：資産９００万円】
昨年に引き続きボーナスなど１００万円程度の資金を追加。

ゲーム株に味をしめ、さまざまなゲーム株を調べて投資。

なかには1週間で2倍になった銘柄もあり、一時期資産が1300万円まで増える。

しかし、その後売るタイミングを逃し、株価が下落し資産900万円に。

油断した結果なので気持ちを入れ替え、初心に戻り資産1000万円回復を目指す。


これは、会社員をしながらスムーズに資産を伸ばせている例です。

最初の1年間は経験が浅く「いろいろな投資商品に手を出しては失敗する」ということを繰り返していました。50万円あった投資資金が一度30万円まで減っていますが、ここで投資をやめずにしっかり続けるというのは非常に大切なことです。

また、途中からFXをやめて株に専念していますが、このあたりからようやく資産スタイルが落ち着いてきました。不得意なものをやめて、得意分野に集中したのがターニングポイントでした。


仕事で携わっていたゲーム関係の株で一気に資産を増やしていますが、自分が詳しいジャンルはそのビジネスの中身もよくわかるので、投資をするには非常に相性がよいのです。

その後もゲーム銘柄で一度は1300万円まで資産を増やしますが、売るタイミングを逃し、マイナス400万円という大きな損も経験しています。投資を始めていきなり

400万円を損したら立ち直れませんが、3年かけていろいろな損益の経験を積み重ねてきたので、動じず冷静に対処できたようです。

このような例を見ると、順調に資産を伸ばせている人でも、やはり最初の半年から1年くらいは投資経験も浅いことからなかなか利益が出ていません。

その後、順調に資産を増やしていますが3年後に400万円の利益を取り損なっています。しかし、ここまで来ると、すでに投資経験やマインドは十分身についているので、日々の投資をしっかりと続けていくだけで徐々に資産は増えていくのです。

また、この例からもわかるように、どのタイミングでチャンスが来るかはわかりません。ただ、年に1回でもそのチャンスに乗ることができれば、資産を大きく増やすことができます。

大切なのは、チャンスが来た時にしっかりと投資ができる準備を日常的にしておくことです。そのためにはやはり投資を続けるということが大切になります。

例えば「3年で100万円を1000万円にする」という目標を掲げたとしましょう。

仮にすべて複利で運用した場合、3年で資産を10倍にするためには、

①1年に1度、2・2倍になる投資
②半年に1度、1・4倍になる投資
③毎月1回、7％の利益になる投資

このどれかを3年間続ければ、3年で資産10倍を達成することができます。

このように「3年で10倍」という、一見難しそうな目標に思えたとしても、時間軸を細かく分けることで、何をすればよいかが見えてくるようになります。

「半年に1回だけ1・4倍になる投資をする」だけで、資産は3年で10倍になるのです。

株価はどう形成されるか

未来の株価を予想する時のポイントは3つあります。

1. マクロ（大きな視点）
2. ミクロ（小さな視点）
3. 人の感情

まず、マクロは「空から地球を眺めた時の視点」です。ものすごく広い目線で世の中を見た時の、お金、人、モノの大きな流れを見るイメージです。例えば、

- 地球の人口が増えれば、それに比例して消費される食料も増える。
- 日本の高齢者が増えれば、それに比例して必要とされる医療費も増える。
- インターネットを使う人が増えれば、インターネット広告をやっている会社が儲かる。

などはすべてマクロの視点から捉えたものです。

次にミクロの視点ですが、簡単に言うと「1つの会社に注目した時の視点」です。その企業の商品は何がよいのか、売上や利益は伸びているのか。例えば、

- 新作ゲームが大ヒットして会員数がうなぎのぼりに伸びている
- 販売している健康食品の売上が2倍になった
- 新しいビジネスを始めたのをきっかけに株価が上がった

というのはすべてミクロの視点から捉えたものです。

そして最後に、人の感情です。投資において多くの場面で最終的な売買判断をするのは「人」です。つまり、投資判断をする「人間」の特性も株価に反映されるのです。例えば、

- 「ある株が上がるらしい」という噂がツイッターで騒がれていたから買った
- 株価が上がっているうちは強気だが、少し下がるとすぐ弱気になってしまう人が多い
- 長く持っている株は下がっていてもなかなか売れない人が多い

これらはすべて人間の感情によって起こる現象です。

「感情などが邪魔をして、人は必ずしも経済的に合理的な行動をしない」という事実は行動経済学でもおなじみです。

まとめると、株価の構成には世の中の大きな流れであるマクロの目線、その企業が持っているサービスの強みなどのミクロの目線、そして最後に投資をする人間の感情や心理が複雑に混じり合っているのです。

10人の村で考える経済の発展と失業

ここで、経済の発展と失業の関係を10人の村で考えてみましょう。

この村には10人の村人がいて、最初はみんなで畑を耕して作物を栽培しています。

彼らが食べられるものは、穀物、果物、野菜など田畑から穫れるものだけです。

ある日、村人の1人が肥料を発明しました。

この肥料があれば、今までよりも2倍も効率よく多くの農産物を収穫できるようになり、10人でやっていた畑仕事が5人で足りてしまうようになりました。

そうすると残りの5人は仕事がなくなってしまいます。この失業した5人は食べていくために新しい仕事を見つけようとします。そして、船と網を作り、魚を捕る漁業という新しい仕事を始めました。

こうして農産物しか食べるものがなかった村に、新たに海産物という食べ物が生まれます。

これが経済成長です。

やがて技術の発展により農業も漁業も1人で十分の量を確保できるようになります。そうすると残りの8人は失業してしまいますが、この8人は村を豊かにするために次の新しい仕事を見つけます。猟師になって山に出る人、大工になって家を建てる人、医者になってみんなの健康を守る人、さらには歌を歌ったり踊ったりする人まで出てきました。

このようにして、村人全員で農業をしていた最初の頃と比べて村全体が豊かになり、経済が大きく発展したのです。

経済というものは作業の効率化により、誰かが失業をして新しい職業を見つけることで発展していきます。このように考えると、「失業」をマクロの目線から見た時には「経済成長のために必要なこと」となります。

しかし、これをミクロの目線で見ると「最初の肥料を発明した人は大きな富を手にする」あるいは「肥料の発見で失業する人が出る」といったことにフォーカスされます。そして、人の感情という目線から見ると「失業した人は肥料を発明した人を恨むだろう」「失業しそうな人達が同盟を組んで、肥料反対運動を起こすかもしれない」といった予想ができます。

こういった人の感情や利権がからみ、経済の発展を妨げることは現代でもよく起こります。ウーバー（Uber）が普及することに猛反対するタクシー業界、エアービーアンドビー（Airbnb）などの民泊を規制するような法律、海外からの輸入に関税をかける行為などは、すべて人間の「今の職業を失いたくない」という保身の感情がからんでいるのです。

この感情はみんなの想像以上に大きな団結力とパワーを生みます。

しかし、それでも長い目線で考えた時に、失業者が出ることは、経済の発展に必要なことなのです。

人の感情と株価

投資をするうえで人間の感情を理解することはとても大切です。
ここでは、行動経済学を投資に適応した際の例をいくつか見ていきましょう。

●人は周囲に合わせて行動する生き物

人は無意識のうちに周囲に合わせて行動する生き物です。これは人間の生存本能でもあるのですが、「周りと同じ行動をしていれば死ぬリスクが軽減される」という思考回路が脳に組み込まれているのです。

つまり、経済的合理性を元に判断をするならば、下がったら買って、上がったら売るのが正しいと頭でわかっていたとしても、実際に株価を目の前にすると、みんなが売って下がったら焦って売ってしまい、みんなが買って上がったら「もっと上がるだろう」と買ってしまうのです。

●人は苦労して手に入れたものに価値を感じる

これは、いろいろと苦労して調べて買った株に価値を感じるというものです。「あれだけ調べて買ったのだから大丈夫」と思って業績が悪くなっても「一時的なものですぐに戻る」と根拠のない理由をつけて持ち続けることがあります。しかし、苦労して手に入れたものだからといって、必ずしも価値があるわけではありません。投資では常に相場に合わせて臨機応変に対応し、自分の判断に固執しすぎないことが大切です。

●人は株を買う前より買った後のほうが、その株が上がる可能性が高いと信じる

人には発言や行動に一貫性を持とうとする習性（一貫性の法則）があります。株の場合でも、実際にその株を買う前よりも、株を買った後のほうが「その株が上がる」と信じる傾向が強くなります。なぜなら、もし「その株が上がる」と思わなければ、自分がその株を買った事実と矛盾してしまうからです。人は自分の行動を正当化する方向に、思考のバイアスが傾くのです。

●希少なものはそれだけで価値があるように感じる

例えば全く同じ値段の同じ商品があるとして、あなたはどちらのほうを買いたいと思いますか？

●在庫に余裕あり、年中無休で販売中
●数量限定残り3個、販売終了まであと5分

同じ商品だったとしても、多くの人が希少に見える後者を選ぶと思います。これは情報商材、家電量販店、ネット通販などのセールストークにもよく使われる手法です。

上野のアメ横を歩くと1年中閉店セールをやっているお店がありますが、これも「期間限定」とすることで「今買わなかったら次のチャンスはない」と思わせ購入を促進しているのです。

投資の世界でもネット上で「今買わなかったらもう同じ値段で買えない」と煽っている人が多くいますが、そういったポジショントークに惑わされず冷静に判断するようにしましょう。

●この株は含み損を抱えているから利益が出るまで売りたくない

投資は損失と利益を繰り返し、最終的に利益を取っていくものです。それにもかかわらず、無意識のうちに「私が投資で損をするはずなんてない」といった個人の感情が、合理的判断を阻害する場合があります(プライド効果)。また、下がっている株を売って他の銘柄を買ったほうがよいとわかっているけれど新しい投資先が儲かるとは限らないので、とりあえず

現状維持しよう、という行動をしてしまうこともよくあります。

これも人間の本能に「よくわからないなら現状維持」という「現状維持バイアス」がかかっているからです。含み損を抱えている状態が長く続くと、その銘柄に対するネガティブ情報が耳に入らなくなります。これは自分にとって都合のよい情報以外は無視してしまうという「合同バイアス」と呼ばれるものです。

このように、投資において「人間の感情」が合理的な判断を邪魔する場合が多く存在します。大切なのは、そのような感情があることを客観的に知っておくことと、感情に振り回されないためにも予め投資戦略を決めておくことです。

第5章

次世代の投資家

次世代の投資家に求められるもの

「世の中が必要としているものを常に探せ」

発明家であり起業家でもあったトーマス・エジソンの言葉ですが、これは投資家にも共通して同じことが言えます。

これからの時代、投資家に求められているのは「価値」を見つけ出す力です。

伸びていく会社とは、「多くの人が喜ぶ商品やサービス（価値）」をしっかりと世の中に提供している会社です。

時代の変化によって人の求めるものは変わります。人の求めるものが変われば、「その時代の価値」も変わっていきます。しかし、お客さんをより多く喜ばせた会社が伸びていくという原理原則は変わりません。

これからの時代に勝てる投資家というのは、変化する「人々の欲求」を見極め、その時代の新たな価値を見つけ出し、人の半歩だけ先を行くことのできる投資家です。一歩先まで行ってしまうと多くの人がついて来るまでに時間がかかり、投資効率が落ちてしまいます。**投資で成功するためには人の「半歩だけ」先を行くことがポイント**なのです。

誰もが知る超有名企業が粉飾決算に手を染め、株価が暴落する事件が起きています。しかし、それは粉飾決算をしたことが原因で株価が下がったわけではなく、世の中に価値提供ができなくなって、粉飾決算せざるを得ない状況になってしまったことが本当の原因です。しっかりと価値提供ができていれば、粉飾決算に手を染めるまで業績が下がることはありません。こういった事件がいい例ですが、過去に価値のあったものでも、時代の変化によって全く価値のないものになってしまうことがあります。なぜなら、「価値」とはその時代に生きる人達が「欲しい」と思う感情でもあるからです。

人の感情は変化するので、会社が提供する価値もそれに合わせて変化する必要があります。

このように考えると、株式投資は非常にシンプルなゲームになります。今の時代の人々が「欲しい」と思う商品やサービスを提供している会社の株を買って、それが提供できなくなった会社の株を売る――株式投資というゲームで勝つためにやるべきことはたったこれだけなのです。

AI（人工知能）による投資

近年、将棋や囲碁のプロ棋士がAI（人工知能）に破れるというニュースが世間を騒がせ注目を浴びています。投資の世界でも次世代の投資手法としてAIが注目されています。すでに米国の投資銀行ではトレーダーをクビにして、その代わりにAI技術者を雇い人工知能によるシステムトレードの開発に力を入れているところもあります。

しかし、実際にAIによる投資は成果が出るものなのでしょうか？

一般的にAIと呼ばれるものは2つに分かれます。

1つが人の脳を実現しようとするもので、もう1つは多くのデータを分析して過去のパターンを見つけ出すものです。

AIと聞くと「自ら学習して成長していく」という、すごそうなイメージがありますが、現存するAIと呼ばれるものの多くは「過去のデータを読み込んで、そこから同一のパターンを見つけ出す」というものです。

そう考えると仕組み自体は非常にシンプルなものなのです。

当然こういったデータを分析して同一パターンを探すという技術は昔からありました。しかし、昔はＡＩが分析するためのデータが十分に存在しなかったのです。どれだけ優秀なＡＩでも、分析するためのデータが十分になければ、その力を発揮することはできません。

ここ最近ＡＩが注目されているのは、インターネットやスマートフォンなどの普及で「分析するためのビッグデータが手に入るようになったから」という背景があるのです。

これらのＡＩが情報を処理する流れは次のようになります。

1. 大量のデータを読み込む
2. 読み込んだデータから同じパターンを探す
3. そのパターンを結果として出す
4. 指定された命令を実行する

つまりＡＩは過去の出来事からパターンを見つけ出し、それを結果として覚えておいて、そのパターンが発生したら命令を実行するというシステムなのです。

しかし、この手法が有効になるのは、過去の決まったパターンがこれから先の未来でも続く場合に限ります。

例えば人間の行動パターンに置き換えると、食事をして何時間後にお腹が空くのか？

朝起きて何時間後に眠くなるのか？　2時間に1杯のペースで水を飲むと何時間毎にトイレに行きたくなるのか？

このように、繰り返される再現性のあるものをパターン分析して未来を予測することは得意となります。こういった現象は、これまでと同じようなパターンでこれからも続く普遍的なものなので、AIは高い精度で未来を予測することができます。

ではAIは投資の世界でも勝てるのでしょうか？

結論から言うと、再現性のある人間の行動パターンを分析したロジックを適応すれば、一定の間は勝てるAIシステムを作ることは可能だと思います。

行動経済学によると、時に人は感情で動き必ずしも合理的な行動をしないので、これを利用したパターン分析をすれば過去のデータから行動パターンを見つけ出し、これからの投資に役立てることは確かに可能です。しかし、この手法が通用するのはある一定の期間限定になります。

なぜ期間限定かと言うと、そういったAIシステムが市場で存在感を拡大させすぎると今度はそのAIシステムを打ち負かそうとする勢力が出てくるため、どこかのタイミングで必ずパフォーマンスが落ちてくるからです。

ほかの大勢の投資家が人間であるうちはAI投資は確かに成果を出すかもしれません。

しかしAIによる投資が主流になってくるにつれ、今度は「そのAIが買う前に買って、そのAIが買っている時に売る投資ロジックを搭載した新たなAI」が出現してくるのです。

証券会社ではシステムトレードや投資信託などで過去によい成績を出したものを勧めてきますが、過去のパフォーマンスがよかったからといってこれからのパフォーマンスもよいわけではありません。ひどいものになると、過去のデータを元に利益が出るようなシステムを作って堂々と売っているところもあります。

これは過去のデータを使って利益が出るようにロジックを組んでいるので、過去のデータでは100%利益が出ます。過去のチャートを見ながら「ここで買って、ここで売ってたら、儲かってたよね！」と言っているのと同じです。

しかし、そのシステムがこれから先も利益が出せるかどうかというのは「誰にもわからない」のです。

だから彼らはそのシステムに身銭を投じて投資するようなことはせず、システムを売ることで儲けようとしているのです。

十分なデータがあり、それをしっかりと分析すれば高い投資パフォーマンスを出すAIシステムを作ることはできるかもしれませんが、パフォーマンスを維持できる期間は限定的でしょう。

有益な情報だけを拾って絵を作る

ひと昔前の投資家は、決算書の数字を分析して将来の業績を予測したり、実際に会社訪問をして情報を得たり、チャートに張り付きトレンドを追って利益を得ていました。

もちろん、こういったことは今でも大切ですが、これからの投資家に求められるものは「点と点を結びつけ1本の線にする力」です。

点というのは「情報」です。

インターネットの普及した現代ではさまざまな情報に瞬時にアクセスすることができます。こういった時代では、情報がないことが問題なのではなく、情報がありすぎてどの情報が正しいのかわからないということが問題になります。そこで、まず情報の山から、有益な情報だけを拾い集めるスキルが必要になります。

そして次に、その拾い集めた情報をつなぎ合わせて1つの「絵」にするスキルも必要になります。この2つのスキルが次の時代の投資家に必要になってくるのです。

このように「未来像」という1枚の絵を完成させるのですが、それはジグソーパズルに似ています。

普通のジグソーパズルはあらかじめ絵に必要なピースがすべて1つの箱に入っています。しかし、ここで作るジグソーパズルは、さまざまなパズルのピースがごちゃ混ぜになった山から必要なピースだけを拾ってきて、そこから1つの絵を作る必要があります。

この絵を完成させるためのすべてのピースが揃うこともほとんどありません。しかし、すべてのピースが揃っていなくても、その絵に何が描かれているかわかれば問題ないのです。

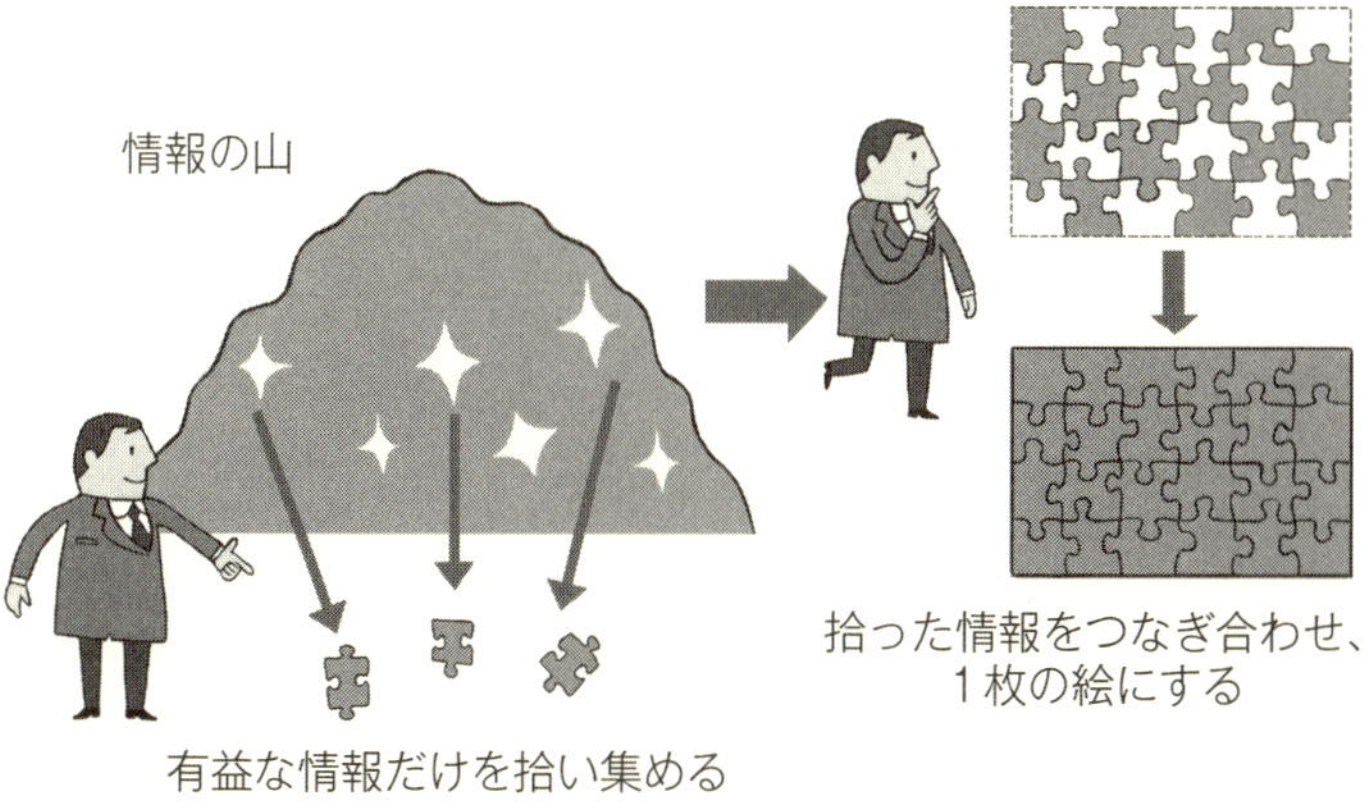
情報の山
有益な情報だけを拾い集める
拾った情報をつなぎ合わせ、
1枚の絵にする

無数にある情報というパズルの山からやみくもにピースを集めても、永遠に絵が完成することはありません。そこでこのパズルを早く完成させるためには、最初に「どんな絵を完成させたいのか」をイメージする必要があります。

この絵を完成させるためのステップをまとめると、次のようになります。

1. まず「完成させたい絵」をイメージする
2. 次にその絵に必要なピース（情報）を拾い集める
3. ピースを組み合わせて「1枚の絵」に近づけていく

投資のジグソーパズル

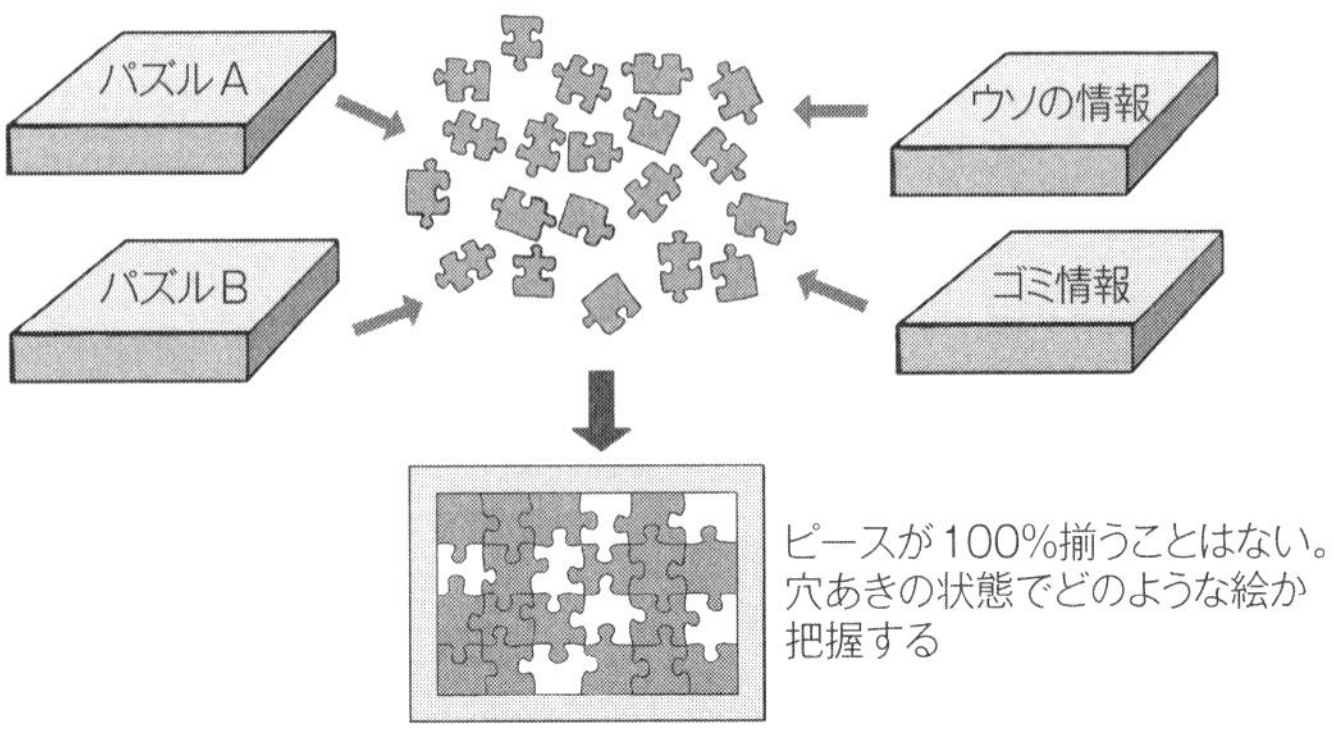

パズルA
パズルB
ウソの情報
ゴミ情報
ピースが100%揃うことはない。
穴あきの状態でどのような絵か
把握する

投資のパズルを完成させよう

投資のパズルの目的は、その株が「どのくらいの期間」で「どのくらい上がるのか」、または「下がるのか」を知ることです。

そのパズルを構成する要素は「パズルのフレーム」と「パズルのピース」の2つに分けられます。

【パズルのフレーム】世の中を取り巻く環境

時代の変化、文化、法律による規制、政治、為替、全体経済の浮き沈み、世論の変化など、企業の努力ではコントロールすることのできない環境がこのフレーム部分になります。

【パズルのピース】会社を取り巻く環境

商品やサービス、ビジネスモデル、売上や利益、経営陣や社員、株主の属性など、その会社を取り巻く環境がこのパズルにおけるピースの部分になります。

【大手家電メーカー】

パズルはすべてこの２つの要素から構成されますが、会社によってどの要素の影響力が強いかは異なります。

大企業は商品の売上や利益のピースが株価を評価するうえで重要視されますが、ベンチャー企業は社長のカリスマ性や商品の話題性などのピースのほうが重要視されます。

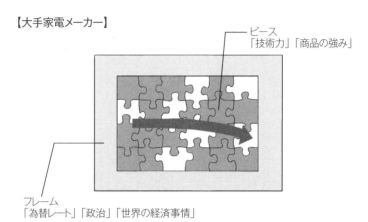

例えば大手家電メーカーのパズルを完成させる時に、どんな情報を集めればよいか考えてみましょう。

家電メーカーの株価を考える際に、まず売上や利益が重要視されます。グローバルに展開している家電メーカーは海外での売上が大きな割合を占めるので、同じ数だけ商品を売っても、為替レートによって売上と利益が変わります。したがって、まず要素として「為替」は外せません。そして、海外への輸出時にかかる関税なども同様に影響するため「政治

【スマホゲーム会社】

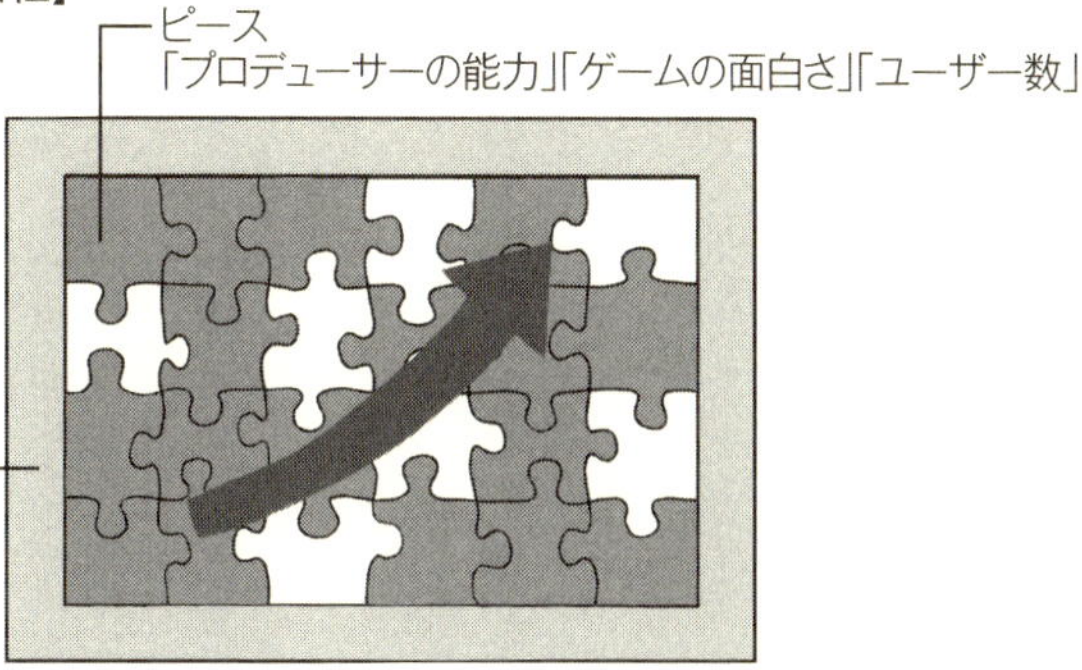

的な目線」も外せません。また、輸出先の国民が商品を購入する経済力がなくては売れないので、「輸出先の国の経済事情」も大事になります。

そうしたフレームの中に技術力や商品の競争力などのピースが加わりようやく絵が完成します。

このように、フレームとして大手家電メーカーの絵を完成させるためには、フレームとして「為替レート」「政治」「世界の経済事情」、ピースとして「商品の強み」「技術力」などを集める必要があります。

こうしてみると、大手家電メーカーの絵を構成するパズルは、環境というフレームが非常に大切であることがわかります。

一方、これがスマートフォン向けのゲームを提供する会社となると、パズルを構成する要素も変わってきます。

まず、スマートフォンの普及率が大切な要素になります。通信を必要とするゲームであれば電波がしっかりつながるというインフラも必要です。当然スマホでゲームをやる文化がなければ、ビジネスとして成立しません。また、国による規制などが入ると売上に影響することが予想されます。

このように考えると、少なくとも今の日本においては、環境の部分は「国による規制」だけ意識すれば問題なさそうです。

次にピースの部分ですが、ゲームを提供する会社は当然ながら、ゲームがヒットするかどうかで売上や利益が決まります。無名のプロデューサーが作ったゲームよりも、過去にヒット作を手掛けた実績のある人が作ったほうがヒットしやすいと考えられるでしょう（実際にはそう言い切れないのがこの業界ですが）。そこで「プロデューサーは誰か」は1つのピースとして考慮してもよいでしょう。

実際にゲームが公開された後の「ダウンロード数」「アクティブユーザー数」「ユーザーの課金額」や、それらの伸び率なども重要になってきます。こういった情報はゲームを紹介するページやアップルやグーグルの提供するプラットフォーム上で公開されているので、比較的容易に入手できます。

また、ゲームを一般層まで広く認知させるためには広告が必須です。企業は当然売れているゲームの広告を増やしますので、打ち出される広告の変化に注目してみても面白いかもしれません。

このように、ビジネスの内容などによって絵を構成するパズルの要素は全く違うものになります。

投資のパズルを正しく完成させるためには、きちんとその会社のビジネスモデルや売上と利益が上がる仕組み、ビジネスを取り巻く環境、リスクなどを正確に理解する必要があるのです。

急騰株を構成するパズル

続いて、ニュースなどをきっかけに急騰する株の構成要素を考えてみましょう。

こういった激しい値動きをする銘柄は「ニュースをきっかけに期待で大きく買われて上昇し、その後一気に売られて下落する」といった特徴があります。

そのきっかけとなるニュースは、次の3つに分けられます。

1. 他社との業務提携：他業種、技術を持っている会社、大企業、海外の会社などとの提携
2. 新規事業の着手：最新テーマの事業、流行の技術を採用した事業、有名人の起用
3. 業績の急速な改善：売上倍増、利益が黒字転換、新規の売上が発生

例えばある投資情報を配信している会社が「ブロックチェーン技術を持っている会社と業務提携をしました」というニュースを出した時、あっという間に株価が2倍になりました。

これは、ニュースに反応した投資家が一斉に買っていたことによる急上昇でしたが、肝心の業務提携に関する具体的な内容は何も言及されていませんでした。

この現象を簡単に説明すると、ある会社が「ブロックチェーン技術を持ってる他社と『何か一緒に仕事できたらいいね！』という話をした」と発表したら、株価が2倍になった、ということです。

業務提携以外にも「仮想通貨に関する新しいビジネスをやろうと思ってます」というような、新規事業の着手に関するニュースを出しただけで株価が大きく上昇することもあります。

新規事業の売上や利益が立つ見込みが全くない状態にもかかわらず株価は上がるのです。少し雑な例えかもしれませんが、会社員が「今年は新規事業を頑張ります！」と宣言しただけで給料がいきなり2倍になるようなものです。

「赤字だったのが黒字転換しました！」という業績改善のニュースにしても、本業の業績が伸びていて黒字転換したなら理解できますが、「保有していた土地が売れて、その売却益でたまたま黒字になった」というパターンや、「大きな契約が取れて、売上2倍になったけれど、じつは利益はほぼゼロ」というパターンで株価が急上昇することも日常茶飯事です。

会社員は結果を出さないと給料は上がりませんが、上場企業は何かを宣言するだけで株価が上がるのです。

なぜこのようなことが起こるかと言うと、「期待」だけでその株を買う投資家がいるからです。

これを投資のパズルで表すと、このような形になります。

企業からＩＲ（Investor Relations, 企業が投資家に向けて経営状況や財務状況、業績動向に関する情報を発信すること）が発表され、期待だけで買う投資家が飛びつくと、「期待だけで買う投資家がいる」ことを知っている投資家もそこに参戦してきます。

そのようにして急激に株価が上がると、ツイッターやネット掲示板の上でも盛り上がります。そしてネットの投稿を見て買う投資家も巻きこんで、株価はどんどん上昇していきます。

しかし、投資は買った後に売らなければ利益は確

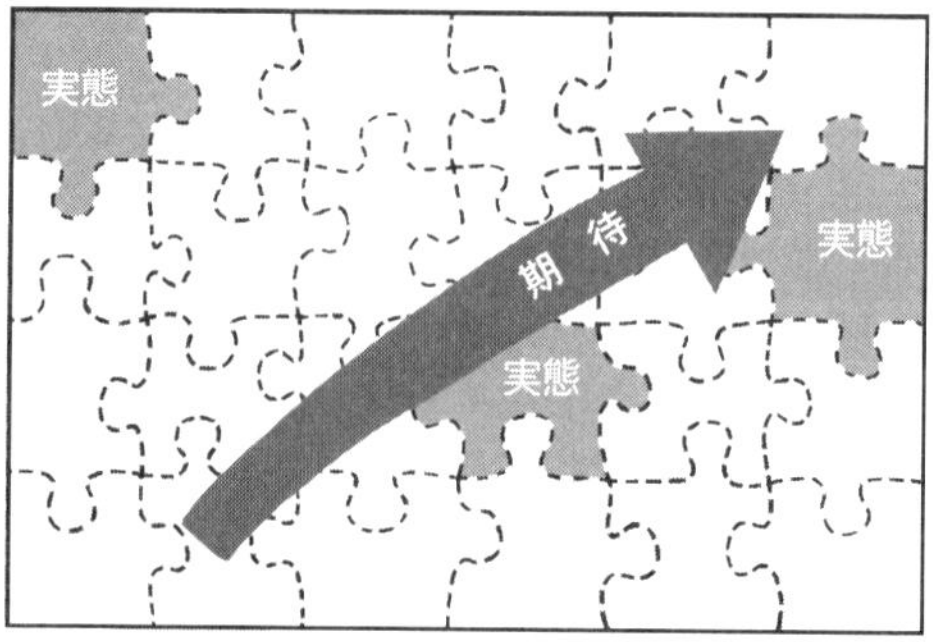

実態がほとんど見えないけれど、
期待だけで株が買われる。

定しません。たくさんの人がその株を買ったということは、「後にたくさんの人がその株を売る」ということになります。業務提携や新規事業のＩＲで上がった株価に対して同じ勢いで会社の業績も追いついてくれれば問題ないのですが、そううまくいく話ばかりではありません。

それをちゃんと理解している人達が、まず利益を確定させます。そして、だんだんと買う人よりも売る人が増えてきます。ついに臨界点を超えて売る人のほうが増え、株価は下がり始めます。

こうなると、高値で買った人達は損が出るのを怖がって大慌てで売ります。

そうしてみんなが一斉に売って、売りが売りを呼ぶ展開となり株価が暴落するのです。

このような人間の心理をうまく利用して株価を操り儲けを出す人達もいます。いわゆる「煽り屋」と呼ばれる人達や「仕手株」の相場を作っている人達です。

特に仕手株の絵を描いて特定の株の相場を操っている人達は、最

- 株価上昇 ＝ 売る人 ＜ 買う人
- 臨 界 点 ＝ 売る人 ＝ 買う人
- 株価下落 ＝ 売る人 ＞ 買う人

初にシナリオを作ります。場合によっては操作する対象の会社の内部と連携して、ほどよいタイミングでニュースを出させたり、自分達のグループ内で売買することで取引が活発になっているように見せたりしています。

このニュースで発表される材料ですが、「実体のある材料」と「実体のない材料」の2つがあります。実体のない材料とは、売上や利益につながるかどうかはわからない、すごそうに見える材料のことです。一方、実体のある材料とは、一見地味そうでも、しっかりと売上や利益につながる材料のことです。

〈実体のない材料の例〉
- 売上や利益の見込めない新規事業
- 具体的な内容のない他社との業務提携
- 本業と関係ない不動産売却などによる増益
- 事業シナジーのない有名人とのコラボ

〈実体のある材料の例〉
- 本業の売上と利益が伸びている
- 新商品の売れ行きがものすごく好調

- 事業拡大の見込める法律やルールの変更
- 特許を取得した

実体のない材料はすごそうに見えるので多くの投資家が飛びつき株価が短期間で上昇するのですが、実体がないとわかった途端に一気に株価が暴落する傾向にあります。

急騰する株に飛びつきたくなる気持ちもわかりますが、実体のない材料だった場合、その銘柄の株価を構成する要素のほとんどが投資家の期待だけということを忘れないでください。

仕手株の舞台裏

仕手株とは、特定のグループが特定の銘柄に対して大量の売買注文を出し、株の取引が活発に行われているように演じて一般投資家を誘い込み株価の乱高下が起きている株のことを言います。

この株価を操作するグループのことを「仕手筋」と呼びますが、ここでは彼らがどのようにして株価をつり上げ儲けているか、7つのステップに分けて紹介しましょう。

1．狙いを定める銘柄を決める

自分達で株価をコントロールしやすいように、時価総額が小さく、浮動株や出来高の少ない流動性の低い銘柄を選びます。また、場合によっては狙いを定めた企業にコンタクトをとり、連携することもあります。

2．その銘柄を買い集める

数週間～数か月をかけてその銘柄を買い集めます。成り行きで一度に買うと株価が上がってしまうので、株価が上がらないように気をつけて少しずつ買っていきます。企業の内部と話がついている場合は、大株主から市場外でまとめて買ったりする場合もあります。

3．準備完了

目標とする株数を手に入れたら準備完了です。このタイミングで、ネット上で影響力のあるインフルエンサーや投資顧問業の資格を持っている会社などに仕手株の情報を共有します。そうすると、そういった人達から少しずつ情報が漏れて、その株にじわじわ注目が集まります。最初に情報を漏らす理由は、ＩＲを出しても、誰も気づいてくれなければ困るからです。

4．ＩＲを公開

ある程度情報が漏れて注目が集まったタイミングでＩＲを公開します。すると、そのＩＲに注目が集まり、期待で株が買われます。

5．出来高を演出

自分達のグループ内での株の売買を繰り返し、出来高を一気に増やします。そうすると、出来高のともなう急上昇のチャートが出来上がります。この行為は証券取引法に違反する可能性が高いため、海外の証券口座や他人名義の口座で行われます。

6. 個人投資家が一斉にむらがる

綺麗な上昇チャートが完成すれば、高い確率でデイトレーダーやイナゴ投資家が群がります。彼らの買いで株価はどんどん上昇していきます。このタイミングで仕手グループは最初に仕込んでいた株を少しずつ売っていきます。一度に売ると株価が下がってしまうので、バラして少しずつ売ります。

7. 臨界点にたどり着き、一気に下落

その後、臨界点にたどり着き一気に株価が下落します。この臨界点にたどりつく前に仕手グループは持ち株を処分仕切ってしまうことを目指しますが、うまくいかない場合もあります。その時は一斉に投げ売りをします。一度大きく売られると、高値でつかんだ人の損切りやデイトレーダーの空売りも加わり一気に株価は下落します。

こうして儲けたお金を関係者で分配してひと相場が終わります。また、同じ銘柄で繰り返すこともあれば、別の銘柄に資金を移動することもあります。

当然ながら、不正に株価をつり上げたりすることは証券取引法で禁止されています。しかしながら、実際の相場ではこのような仕手行為が繰り返されているのも事実です。

ツイッターを活用した投資術

ここでは、ツイッターを活用した投資術について触れたいと思います。

ツイッター上では毎日のようにいろいろな銘柄がつぶやかれています。本書を読んでいる人にも、実際にツイッターで情報収集をしている人がいるのではないでしょうか。

ツイッターを使って投資情報を収集するやり方は大きく分けて3つあります。

1．最新情報の収集
2．特定の株の盛り上がり具合を知る
3．イナゴ投資

順番に見ていきましょう。

まず「最新情報の収集」ですが、おそらくどの媒体よりもツイッターが一番早くかつ効率的に最新情報を得ることができます。保有している銘柄に動きがあった場合は、ツイッターで銘柄名や証券コードなどを調べると、たいてい動きのあった材料のニュースなどがヒットします。保有している株についても、定期的にツイッターで検索をかけると効率よく情報を得ることができます。

次に「特定の株の盛り上がり具合を知る」ですが、ツイッターで特定の銘柄名やその会社が提供している商品やサービスの名前を検索すると、どのくらいつぶやかれているかがわかります。つぶやきが少ない時はツイッター上ではそれほど盛り上がっていない状態、つぶやきが多い時は盛り上がっている状態、と判断できます。また「まだまだ上がる！」と買いを煽る人達が増えてきたら、そろそろ危険そうだなといった判断の材料にもなります。

そして「イナゴ投資」ですが、これはツイッター上で盛り上がっている株に便乗し、短期で利益を取りに行こうとする投資手法です。ツイッターではいわゆる「有名人」が毎日いろいろな銘柄をつぶやいています。この投資法で一番やってはいけないのが、「よくわからないけれど、名前を聞いたことがある人がつぶやいていたから買ってみた」です。

イナゴ投資をする際に重要になってくるのは、投資対象とする銘柄の盛り上がり具合を正確に把握することと、自分が誰から買って誰に売るのかを明確にイメージすることです。

次にイナゴ投資家のピラミッド構造を示します。

この図のとおり、まずピラミッドの上位にいるイナゴが買って、その銘柄の情報を発信します。

そうすると、それを見た人達がわらわらと群がって買い始めます。何も材料や根拠がなくとも、みんなが買えば株価は上がります。そして実際に株価が上がれば、みんながチャンスを逃すまいと急いで買い始めます。

こうなると株価はどんどん上昇していきます。

しかし、大切なことを忘れないでください。

株を買ったら、売って初めて利益が確定します。多くの人が慌てて買ったということは、多くの人が近い将来利益確定のために売るのです。少なくともツイッターのつぶやきを見て慌てて株を買う人達には、半年や1年間株を保有してじっくり育つのを待つという発想はありません。彼らが買った株はすぐに売り出されます。

そして、買っている人達と売っている人達の数

「イナゴ投資家」のピラミッド構造

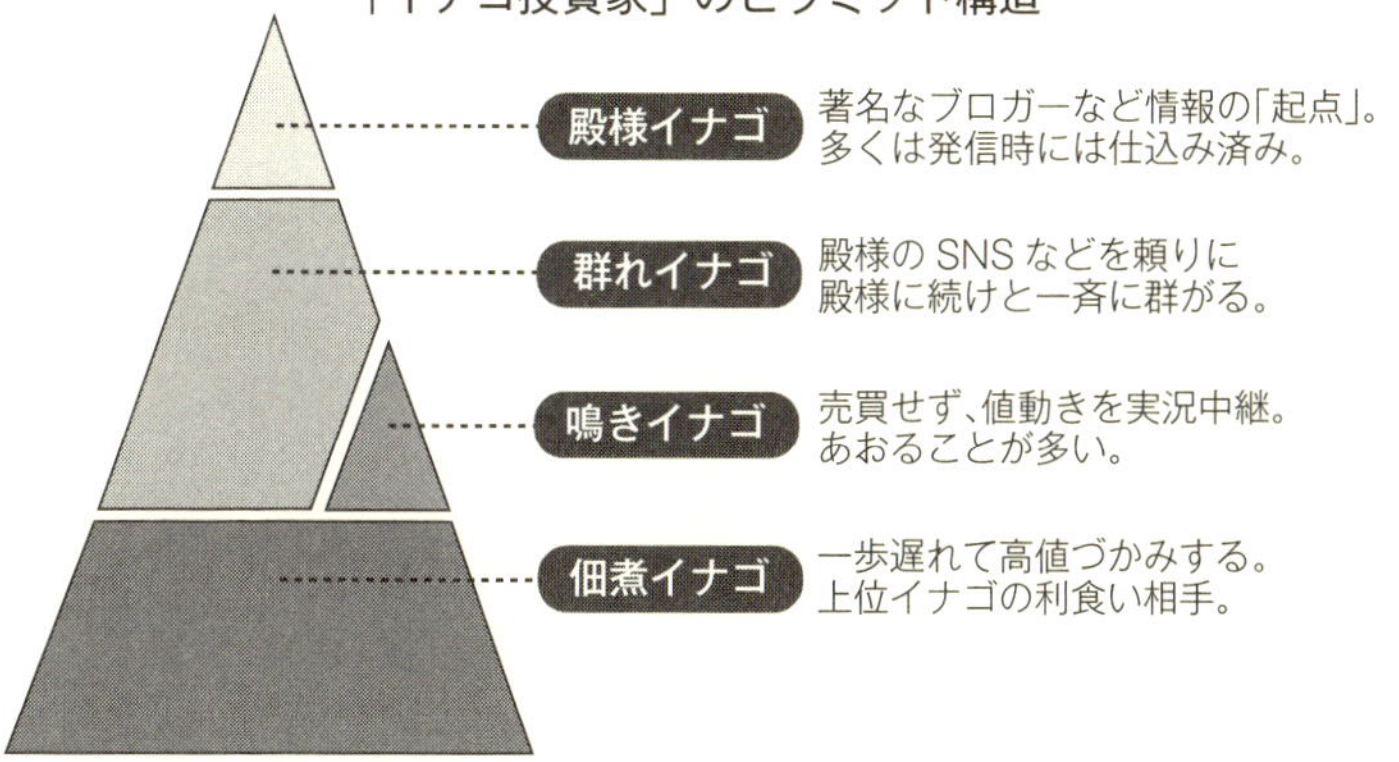
殿様イナゴ
著名なブロガーなど情報の「起点」。
多くは発信時には仕込み済み。
群れイナゴ
殿様の SNS などを頼りに
殿様に続けと一斉に群がる。
鳴きイナゴ
売買せず、値動きを実況中継。
あおることが多い。
佃煮イナゴ
一歩遅れて高値づかみする。
上位イナゴの利食い相手。

が逆転したタイミングで、一気に株価は下落します。信用取引で買っている人も多いので、強制ロスカット（証券会社に勝手に売られてしまうこと）なども巻き込んで売りが売りを呼ぶ展開になります。こうして一相場が終わります。

イナゴ投資では、最初のつぶやきの時点がじつは最高値でそこから一気に暴落するパターンも多いので、初心者にはお勧めしません。ただ、それでもどうしてもイナゴ投資をやりたいという方に1つアドバイスをするならば、つぶやく人の性格や癖を把握してください。ツイッター上ではいろいろなつぶやきがありますが、つぶやいているのはすべて「人」です。同じ内容のつぶやきでも誰がつぶやいたかによって得られる情報は異なります。

例えば「この銘柄、まだまだ上がりそう」というつぶやきでも、いつも煽ってばかりの人がつぶやくのと、いつも堅実で煽らないタイプの人がつぶやくのとでは、意味合いが異なります。

また、つぶやく人のクセを知ると、得られる情報はさらに多くなります。つぶやきのあとに顔文字が付いている時は強気とか、言葉の微妙なニュアンスの違いからも多くの情報を得ることができます。

イナゴ投資のポイントをまとめると、次の3点になります。

1. つぶやいている人がどんな性格かを把握する
2. その人の自信を表すクセなどを見つける
3. 1人でなく複数の人から情報を得て判断する

イナゴ投資は確かに、うまく波に乗ることができれば短期間で大きな利益を出すことができます。

しかし、投資をしている間は細かく相場をチェックする必要がありますし、ちょっとした需給バランスの崩れで一気に半分以下に暴落することもあるので注意が必要です。株式投資で一番重要なのは「退場しない」ことです。各自の資金管理はしっかりとするようにしてください。

業者から買った情報で儲かるのか？

投資顧問業という資格があります。

これは、具体的な投資に関するアドバイスができる資格です。この資格を持っていると、具体的な銘柄を名指しで「これを買ったほうがよい」と投資家にアドバイスすることができます。

よく宣伝広告やメールで「爆上げ銘柄情報3万円！」という情報が届くものは、すべてこの投資顧問業という資格を持っている会社が配信しているものです。

その会社のホームページを見ると、過去の配信実績として、販売した銘柄情報が大きく上昇したグラフを複数掲載しています。しかし、実際にそういった業者から銘柄情報を買って、その銘柄に投資をしてみても上がったり下がったりで、なかなかうまくいきません。

なぜでしょうか？

そもそも、そんなに儲かる銘柄の情報があるなら、「わざわざ面倒なセールスメールを送ったり、きれいな販売ページを作ったりして投資家に情報を売るよりも、自分達で投資すればよいのでは?」と思いませんか?

そう、投資顧問業を持っている会社は、自分達で投資をしても儲かるかどうかわからないので、投資家に情報を売って儲けているのです。情報が売れれば、その結果株が上がろうが下がろうが自分達は関係なしに確実に儲かるのです。

これは証券会社の営業マンが、手数料の高い投資信託を勧めてくるのと同じです。以前、ある投資顧問会社が「具体的な銘柄情報がないまま顧客に情報代金を入金させた」として問題になったこともありました。

有償であれ無償であれ、相手から何かおいしい情報をもらう時は「相手にどんなメリットがあるのだろうか?」という目線で考えると本質が見えてきます。そういった目線で考えれば、少なくとも世の中には「確実に儲かる情報」というのは存在しないことがわかります。**確実に儲かるのであれば、他人に教えるのではなく、自分達だけでコッソリやればよいからです。**

これと同じ理由で、経済アナリストや経済学者などが予想する将来の株価なども全くあてになりません。彼らは、株価予想やレポート記事を書くことでお金をもらっていて、実際に自分のお金で相場を張っているわけではないからです。

利害のベクトル

「馬はニンジンのあるほうに向かって走っていく」

これは人間も同じで、自分の立場や得する条件などによって向かう方向が決まります。投資でもビジネスでも、「相手のベクトルがどの方向に向いているか」を見極めることができる人が成功します。

「与えられた環境やルールの中で相手がどう行動するか？」

これを正確に読み解くことができれば、営業マンの話を鵜呑みにしたり、投資詐欺に騙されたりすることもなくなるでしょう。

例えば、創業社長が筆頭株主で現役の経営者であった場合、ビジネスさえしっかりしていれば、同業他社よりも高い確率で株価は伸びていくと考えられます。

なぜなら、その会社をコントロールできる社長の利害と投資家の利害が一致しているからです。

大量の自社株を持っている経営者にとって、自分の資産を増やそうと思ったら「自分の給料を上げること」でもなく「無難な事業を続けること」でもなく、攻めの姿勢でビジネスを展開して自社株の価値を高めることです。

つまり、株価が上がると喜ぶという点で投資家と利害関係が一致しているのです。

化粧品や健康食品の通信販売で業績を大きく上げている会社がありますが、この会社は株主へのアピールが非常に上手です。投資の本に自分の会社が紹介されるとすぐさま自社のHPで「弊社がこの本で紹介されました！」と発表し、メディアに社長インタビューが掲載されるとすぐに「弊社代表のインタビュー記事が掲載されました！」と発表していました。

当初は「この会社は本当にIR担当者が優秀なんだなぁ」と思っていました。しかしよく調べてみると、IR担当の責任者がなんとその会社の大株主だったのです。自社株を持っていない広報担当者に比べて、自社株をたくさん持っている広報担当者のほうが「より自社の株価を上げるメリット」があります。

その広報担当者と投資家の利害関係も一致するのです。

ちなみにこの会社はその後、1年で株価が10倍以上になり、多くのマスコミなどに「今年一番上昇した銘柄」として取り上げられていました（その記事が自社のHPでもしっかり紹介されていたのは言うまでもありません）。

　ここで得られた学びは、経営陣に大株主がいる会社は、株価を上げようとする方向にバイアスがかかるということです。


　これが大企業の場合はどうでしょうか？

　大企業の社長の多くは会社員から成り上がったパターンです。そして彼らの多くは自社の大株主ではないため、自社の株価が上がろうが下がろうが、自分の資産にはあまり影響ありません。

　では、この社長の場合、どんな方向に利害のベクトルが働くでしょうか。当然表向きには経営を頑張って業績を伸ばしたり、株主の利益を最大化するために努力したりするでしょう。しかし、本音のところは「いかに自分が退職するまで不祥事を起こさず、退職金を満額もらうか」という方向に行動や判断のバイアスがかかるのではないでしょうか。

　少なくとも、自分の退職金を犠牲にしてまで株主の利益を優先する働きは期待できないでしょう。

　大企業で粉飾決算などの不祥事が絶えないのも、このようなサラリーマン経営者が自分の保身を最優先に行動した結果だと言えます。

　お互いの利害のベクトルを考える際に、投資家と証券マンの関係も面白い結果になります。

「証券マンの勧める株を買ってはいけない」というのは今や常識です。

なぜ証券マンの勧める株がダメなのでしょうか。

それは証券マンの利害のベクトルと、投資家の利害のベクトルが同じ方向を向いていないからです。

証券会社のビジネスは、投資家に投資商品を売って手数料を稼ぐことです。株価が上がろうが下がろうが、取引の量が変わらなければビジネスには一切影響がありません。そのような背景を考慮すると、証券マンに働くベクトルの向きは「いかに投資家から手数料を稼ぐか」という方向になります。

証券マンが多くの手数料を稼ごうと思ったら、次の2つしか方法はありません。

1. 手数料の高い商品を買わせる
2. 頻繁に取引させて手数料を払う回数を増やす

そのため証券マンから提案される内容はどうしても、手数料の高い商品か、頻繁に取引するという方向になってしまうのです。

当然これは「投資利益を最大化したい」という投資家の目指す方向とは逆を向いています。

つまり、証券マンにとっては「投資家が損することで自分達が儲かる」という構図が成り立ってしまうのです。

これが、証券マンの話を聞いて投資をしてはいけない理由です。

それがよくわかる例として、レオナルド・ディカプリオ主演の映画『ウルフ・オブ・ウォールストリート』の新人証券マンとボスの会話のシーンを紹介したいと思います。

〔ニューヨークのホテルの朝食会場でのシーン〕

ボス「いいか、このゲームは客のポケットにある金を自分のポケットに入れるゲームだ」

新人「はい、わかります。でも、お客の金も増やせれば皆幸せになれますよね」

ボス「バカかお前は。株が上がるか下がるかなんてわかるわけないだろ。よく聞け、俺たち株屋は何も生み出すことはない。君のお客が8ドルで買った株が16ドルまで上がったら、客は大喜びで金に換えてそれを手に家に帰りたがる。でも、帰らせちゃダメだ。それじゃ現実になる」

ボス「じゃあ、どうする？　次の幻を探すんだ。儲けた分は次の株という幻に投資させる。それを延々と繰り返す。もはや中毒状態だ。何度も何度も別の株を買わせ続ける……相手がスッカラカンになるまでな！」

ボス「客が儲かろうが損しようが知ったことじゃない。大事なのは俺たちブローカーに、バッチリ現金が入ることだ。手数料としてな。ざまあ見やがれ！」

99%儲かる投資法

少し物騒な話に聞こえるかもしれませんが、金融市場はテロリストの資金源にもなっています。例えば、特定の企業の株を大量に空売りしておいて、その企業の本社でテロを起こせば株価はほぼ間違いなく暴落します。

これを特定の企業でやるとさすがに特定されるので、日経平均やダウ平均などの指数を使って行います。テロリストは自分達でテロの場所やタイミングをコントロールできるので、ほぼ確実に勝てる仕手相場になります。

そうして金融市場から抜かれたお金がまた、テロの活動資金になっているのです。

テロリストは少し極端な例かもしれませんが、これと同じようなことが私達の身の周りでも行われています。

例えば、社長の不祥事の証拠を入手した記者がいたとします。その不祥事の内容が会社の経営を揺るがすものであれば、株価にとっても大きな悪材料となります。それを見越して、最初にその社長が経営する会社の株を大量に空売りします。そして週刊誌や新聞社にその不祥事ネタを拡散させ、記事にしてもらいます。記事が公開される頃には、その会社の株価は大暴落します。底値をついたタイミングで空売りした株を買い戻せば大儲けできます。

もちろん、このような取引は法律で禁じられています。しかし、不祥事の情報を入手した記者が直接取引を行うのではなく、その記者が第三者に取引させた場合はどうでしょうか。それが親族や兄弟ならまだ調べようはありますが、古い友人や全くつながりのない第三者を経由した取引であれば、この取引が不正取引であったことを立証することは非常に難しくなります。

企業同士の提携が決まった情報や大企業と大きな契約を結んだ情報など、株価が大きく伸びる情報を事前に知ってしまい、その情報を元に株の売買をして捕まったというニュースも流れていますが、これは氷山のほんの一角でしょう。

実際問題、すべての不正取引を立証することは現実的には非常に難しいのです。

投資家が真にとるべきポジション

例えば、あなたが「ある仮想通貨が上がる」という情報を入手したとします。情報源はあなたが信頼している友人ですが、その人はそれほど投資経験があるわけではありません。ただ、その友人は自信満々で「この仮想通貨はほぼ確実に上がるから買ったほうがいいよ！」と言っています。さて、この時あなたはその仮想通貨を買いますか？

1. 友人の情報をそのまま信じて買う
2. そんなうまい話はないと無視する
3. その情報が嘘でも本当でもどっちでもよいから、自分が得するポジションをとる

これは仮想通貨に限らず、株や投資案件などの情報を聞いた時にもあてはまります。

まず、友人の情報をそのまま信じて買う人は投資の世界では「カモ」と呼ばれます。誰がその情報を発信しているかは判断材料として大切ですが、投資の世界で他人の情報を鵜

呑みにすることほど危険なことはありません。

ある程度投資経験のある人は身をもって痛い経験もしているので、簡単に儲かる情報には飛びつきません。「そんなうまい話はない」と、ほとんど無視します。

そして最後に「その情報が嘘でも本当でもどっちでもいいから、どんなポジションをとれば自分が得をするか」と考え行動する人達がいます。この人達が投資の世界では大きな資産を築き上げます。

例えば、ある株の情報がツイッターで出回ったとします。情報を鵜呑みにする人達はとりあえず飛びつきます。結果的にその株が大きく上昇して含み利益が出たとしても、ネット上では「まだまだ上がる！」と煽られるので、売るタイミングがわかりません。結局売るタイミングを逃し、大きく暴落した後に泣く泣く手放すことになります。人によっては現実を見ずに「そのうち戻るだろう」と自分に有利なポジティブ思考になったりします。もちろんそこに根拠はありません。

少し投資を経験している人はこの時、「そんな怪しい情報には飛びつかない」と、少し離れた場所からその株の値動きを観察しています。そして、上がると「まあ、たまには上がったりもするよな」と言って、下がると「ほら見ろ、言わんことか」と満足します。この人達は蚊帳の外なので、その情報を元に損失は出さないのですが利益も出しません。

最終的に勝ち残る投資家は「その情報が嘘でも本当でも自分が儲かるポジション」を考

えるのです。ツイッターでシェアされた儲かる株についても、その情報の真偽はさておき「この人のつぶやきを信じて、これからこの株を買う人がどのくらいいるだろう？」というふうに考えます。

自分がそのつぶやきを信じるかどうかではなく、「他の投資家がどれだけそのつぶやきを信じるか」が大事なのです。多くの投資家が信じて買えば、買い注文が多く入り、その株は実際に上がっていきます。

そして大切なのが引き際。つぶやきが浸透し、多くの投資家がその株を買っている状態は「買い＞売り」となるので、株価はするすると上がっていきます。しかし、株で利益を出すためには買ったら必ず売らなければなりません。なので「買い＞売り」の状態はいずれ「買い＝売り」となり、どこかで「買い＜売り」となります。

彼らはつぶやきの真偽を確かめるのではなく、その発言によって市場の投資家が何を考えどう動くかを確かめます。そして、「今後多くの投資家が買いで入ってくるだろう」と判断すれば買いのポジションをとり、「もうすでに多くの投資家が買っているから今後はその人達の売り注文が増えるだろう」と判断すれば売りのポジションをとります。

大切なのは「1つの情報を信じるか信じないか」の2択ではありません。その情報を、誰が、どんな意図を持って発言していて、その発言によって誰が得をして誰が損をするか、そういった構図を俯瞰して見ることなのです。

投資家の必須知識「イノベーター理論」

投資をするすべての人達に知っておいて欲しいのが、このイノベーター理論です。

何か新しい商品やサービスが世の中に普及していくまでの過程を、ユーザーの属性別に表したものです。

一般的に投資のチャンスは普及率16％までの部分と言われています。

このイノベーター理論をスマートフォンの普及率を例にしたものが、次ページの図になります。


商品やサービスの普及に比例して、株価の動きも大きく変動します。

新しいサービスや商品が公開されて世の中に浸透していく時、最初のほうで投資をしていれば大きなリターンが見込める可能性は高いでしょう。しかし、レイトマジョリティの人達が食いついているタイミングで投資をしてしまうと、損失を出してしまうリスクも一気に高くなります。

このイノベーター理論という考え方は、スマホゲームの普及、大ヒットした映画や本、仮想通貨の普及などさまざまなものに応用することができます。

例えば仮想通貨であれば、各種取引所などの整備がまだ整っていない時に買う人がイノベーター、イノベーターから話を聞いて買う人がアーリーアダプター、仮想通貨のテレビCMを見て買う人がアーリーマジョリティ、テレビCMと友人が儲かっている話を聞いてようやく買うのがレイトマジョリティ、テレビの特番・新聞・雑誌、広告などで毎日仮想通貨の話題が騒がれるようになって、身近な人達がみんな仮想通貨を買っているのを見てやっと買うか買わないか迷い始めるのがラガードです。

ここまで読み進めれば、イノベーターからアーリーアダプターの間で買ってレイトマジョリティ

イノベーター理論

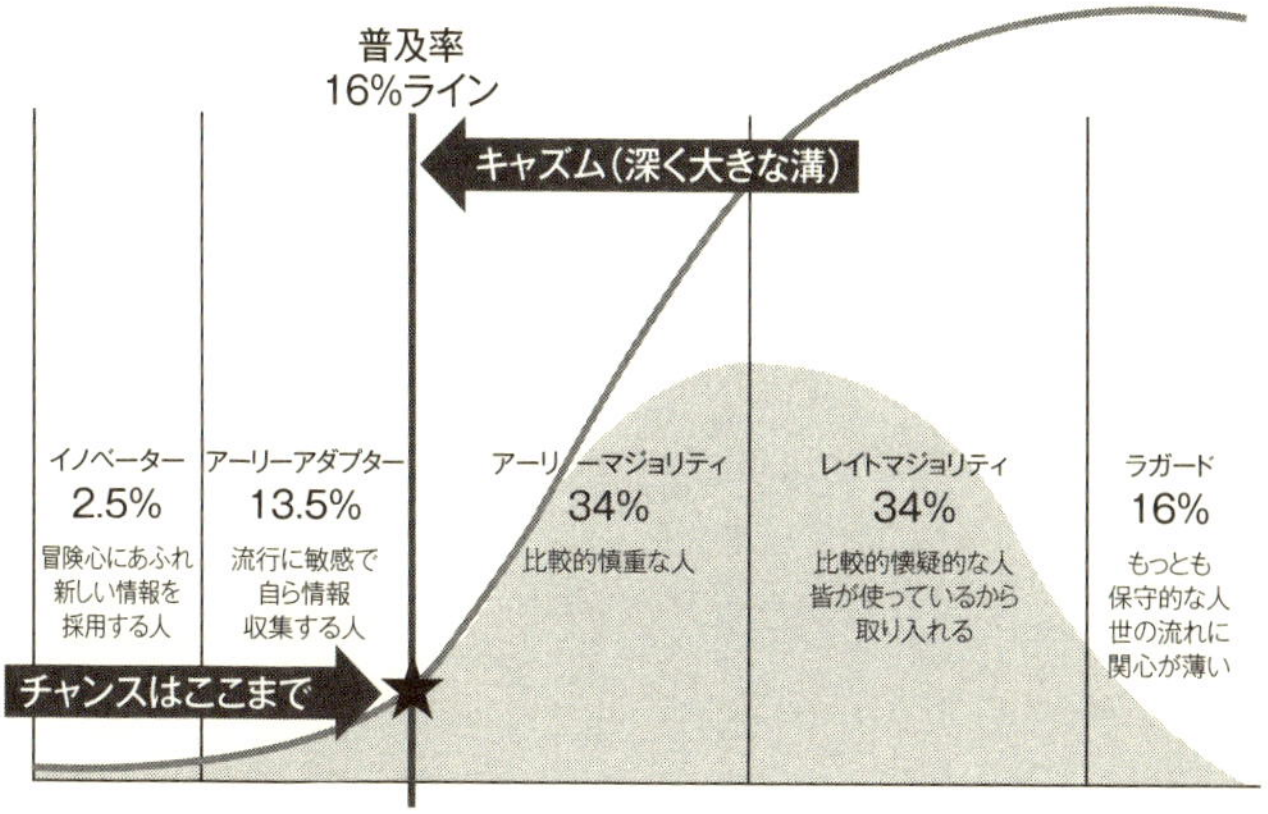

やラガードの人達が買っているタイミングで売ることが、投資家としては正しい判断であるとわかります。

投資家の世界で「靴磨きの少年」という有名な逸話があります。

ケネディ大統領の父親が、ウォール街で靴磨きをしていた少年に「今は株が儲かるらしいよ。僕も買う予定だから、おじさんも買ったほうがいいよ」と言われました。

それを聞いて「これは危ない」と感じた彼は、その時の保有株をすべて売却して、その後の世界恐慌（1920年）を逃れることができたという話です。

この話はまさに、普段絶対に投資をしないような人達（ラガード）が投資の話をするようになったら、そのあとにはもう買う人がいないから逃げたほうがいいという教訓です。

このイノベーター理論を使う時に、一点気をつけ

iPhoneの普及をイノベーター理論にあてはめた例

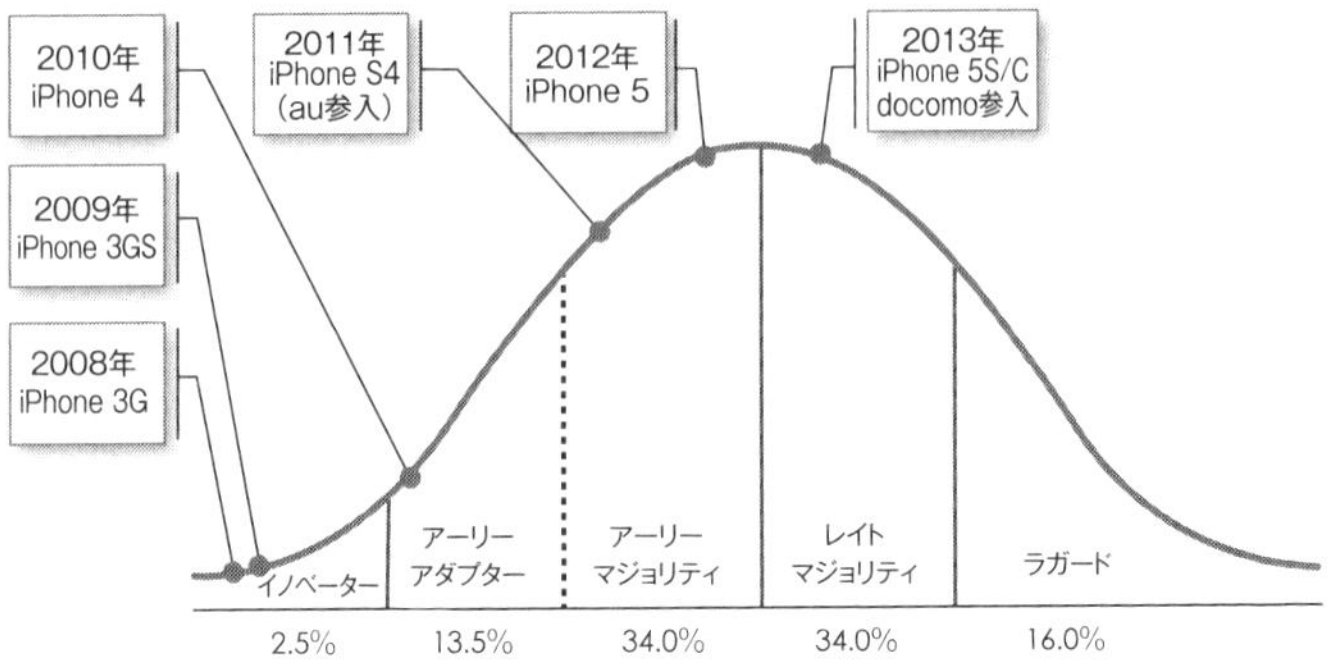

なければいけないことがあります。それは、対象とする商品・サービスが「価値のあるもの」という前提で成り立っているということです。価値のあるものだからこそ世の中に広まります。価値のないものであればそもそも世の中には広まりません。

アーリーアダプターにさえ届かず、消えている商品やサービスは数多くあります。

勝てる投資家を目指すのであれば、投資しようとしている株が、このイノベーター理論のどこの部分に当たるのかを冷静に見極める必要があります。この全体の相場観がつかめるようになれば、投資においてどのタイミングで買ってどのタイミングで売ればよいかという判断を大きく間違えることは少なくなるはずです。

時価総額に隠された真実

株価の伸び代を予測する際に大切な概念として、その会社がやっているビジネスがどのくらい会社に対してインパクトを与えるかという考え方があります。

例えば時価総額の違う飲食店を経営する企業が2つあります。

A社：時価総額1000億の会社
B社：時価総額　100億の会社

ここでA社が、今までになかった新しいピザ屋さんをオープンさせて大ヒットしたとします。本格なマルゲリータが売りで、連日連夜お客さんが行列をなすようになりました。

一方、同じ飲食店を経営しているB社もパスタ屋さんを新しくオープンさせました。このパスタ屋さんも本格的なカルボナーラがとても好評で連日大盛況になりました。

A社とB社が展開した新しいお店は両方とも大成功し、売上もぐんぐん伸びていきました。そして決算が公開されると、A社、B社の両社ともに売上は前期比＋100億円となっていました。両社の株価も大きく伸びました。

ここで問題です。

A社とB社、どちらの会社のほうが株価の上昇率は高かったでしょうか？

A社のピザ屋とB社のパスタ屋は両方とも行列ができる人気店となり、売上もほとんど同じくらい増えました。また、ピザ屋とパスタ屋の利益率もほぼ同じです。両社で異なるのは、会社の株の時価総額だけです。

いかがでしょうか？

では正解の発表です。

同じ業種で新しい商品やサービスが同じくらいうまくいった2社があったとすると、**より株価が大きく上昇するのは「時価総額が小さい会社」**なのです。

今回の場合はB社のほうが株価が大きく上昇することになります。

なぜそうなるのか簡単に解説します。

今回のピザ屋とパスタ屋の大繁盛で、両社には同じ100億円の新しい売上がプラスされました。

しかし、同じ100億円の売上でも、A社とB社ではインパクトが違うことがわかります。A社にとっては+10%のインパクトですが、B社にとっては+100%のインパクトがあるのです。

もともと金庫に100億円入っていたところに、新しく100億のお金が入ってくるイメージをしてもらえればわかりやすいと思います。もちろん売上だけでなく実際に利益も同じくらい出ていることが前提となります。また、厳密には、両社の持っている有形無形の資産や、大きく拡大していく力なども考慮されて株価がつきますが、この条件下ではほぼ確実にB社のほうが株価の上昇率が高くなるでしょう。

つまり、同じだけ世の中にインパクトを与えた場合、より時価総額の小さい会社のほうが株価の伸び率は高くなるのです。これは、時価総額1000億円の会社と時価総額1000億円の会社を比べた時に、どちらがより株価が2倍になりやすいかと考えることも可能です。

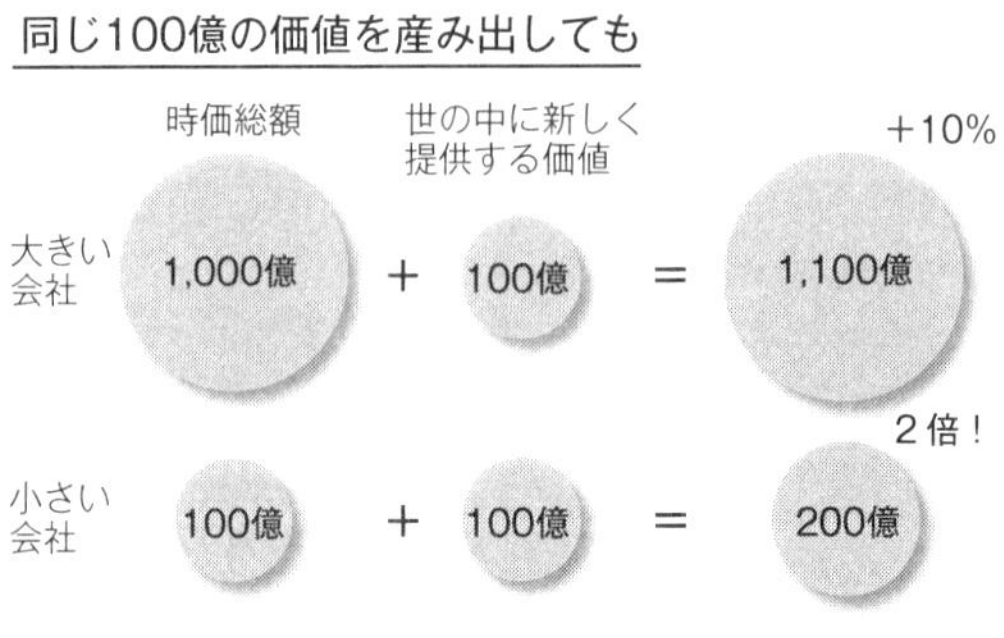

時価総額１００億円の会社が株価２倍になるためには、＋１００億円時価総額が増える必要があります。それに対して、時価総額１０００億の会社の株価が２倍になるためには、＋１０００億円も時価総額が増える必要があります。

では株価２倍に必要なこの「＋１００億円」や「＋１０００億円」の正体は何なのでしょうか？

これは、「世の中に提供した新たな価値」なのです。時価総額１０００億円の会社が株価２倍になるためには、世の中に１０００億円もの新しい価値を提供しなくてはいけません。時価総額１００億の会社が株価２倍になるためには、世の中に１００億分の新しい価値を提供すればよいのです。

２倍、３倍と大きなリターンを得たければ、時価総額の大きい会社よりも時価総額の小さい会社の中から投資対象を探したほうが効率的であると言えます。

株価が2倍になるためには

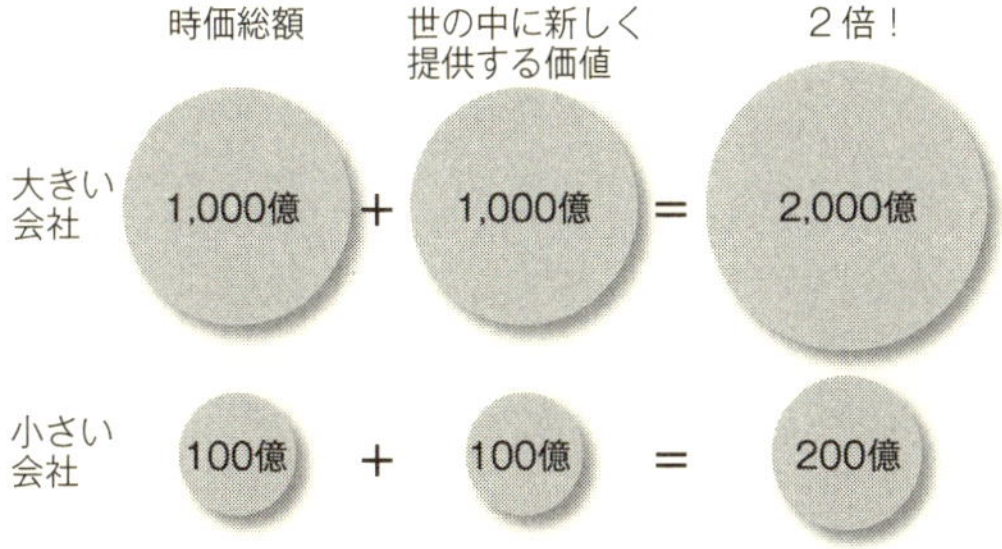

※同じ株価２倍でも小さい会社のほうがハードルが低い！

決算書には表れない会社の価値

今までの株式投資は、決算書の情報を読み解くスキルやチャートを読むスキルが大切とされてきました。ファンダメンタルズと呼ばれる考え方は、売上や利益はもちろん、利益率や保有している資産などからおおよその企業価値を算定し投資判断をします。

一方、テクニカルと呼ばれる考え方では、チャートからその株の需給や投資家の心理を読み取り、価格の変動に対して資金を投じる判断をします。

しかし、これからの投資を考えるうえで、もう1つ「決算書に表れない会社の価値を読み解くこと」が非常に大切になってきます。

決算書に表れない会社の価値とは、例えば次のようなものが挙げられます。

- その会社が提供する商品の品質
- カスタマーサービスの対応
- リピート購入させる仕組み

- お客さんからのクチコミ
- 保有している顧客データ
- 社長が持つビジョン
- マスコミへの出現頻度
- 顧客ファンの数
- ネット上における評判
- 優秀な社員
- 経営戦略の軸
- その商品が世の中をどう変えるか
- 大株主の影響力
- その会社の株を売買する投資家の属性
- 会社の経営方針

このような「決算書の数字では表せない価値」というのが存在します。そして、この決算書に出てこない価値をしっかりと見極めることが、これからの投資で勝つために必要となります。

今の時代は広告が至るところにあるため、ユーザーも広告かそうでないかを見分けられるようになりました。その結果、下手な広告よりもクチコミを広げるための仕組みを持っている会社の商品が伸びていきます。お客さんがよいクチコミをしてくれる商品は、ネットなどで一気に拡散されます。その結果、さらに商品が売れ、業績も伸びていきます。

つまり、商品のよいクチコミが広がれば広がるほど、その会社の業績が上がり、株価も上がっていくのです。

また、その会社にどんな社員がいるかも、決算書には出てきません。しかし、優秀な人がたくさんいる会社は、少なくとも優秀な人達に「この会社で働きたい！」と思わせる何かを持っています。

社員の平均年齢もその会社の社内の雰囲気を知るために有効です。例えば社員の平均年齢が30歳の会社と、平均年齢が45歳の会社とでは、「若いほうが攻めの経営をしていそうだ」という投資のヒントになります。

しかし、会社の決算書だけを読んでもこういった情報は出てきません。投資家が投資をしたお金を使って、実際に会社を回しているのはその会社にいる社員です。どんな社員がいて彼らが日々何を考え、どこを目指して働いているのか。これは、その会社の将来の株価にも大きく影響するのです。

そして「その会社の株主はどんな人なのか」というのも、投資判断をするうえで非常に大切です。株主は、大きく分けて2種類います。

1. 長期的に株を持つ大株主（大口の場合が多い）
2. 短期的な投資目的で株を持つ投資家（小口の場合が多い）

1つは長期的にその会社の株を持ち続ける大株主です。誰が大株主なのかを把握することで、誰がその会社の経営判断に実質的な決定権を握っているのかがわかります。実質的な決定権を握っている人（もしくは法人）がわかれば、その人がどういった思想を持っていて、今後どういう方向に経営の舵を切るかを予想することもできます。

また、大株主は保有している株数が多く簡単に売り逃げすることはできないので、その会社の価値を中長期的に上げ続ける方向に行動するバイアスがかかります。

大株主を知る目的は、その会社の株価が上がると誰が利益を得るのかを知り、その人達がどういう行動に出るのかを予測して投資判断に生かすことです。


もう1つ注目すべき株主は、その会社の株を売買している投資家です。

- その銘柄を好んで取引しているのは個人投資家なのか、それとも機関投資家なのか？
- 個人投資家であれば、どういう属性の人達なのか？

・年齢層は高いか低いか？　どこから情報を得て投資をしている人達か？
・機関投資家であれば、どういった投資目標を抱えていて、何を基準に投資判断をしているのか？

株を売買しているのは、証券会社に売買の注文を出している投資家です。その投資家の性格や行動パターンを知ることによって、彼らがどこのタイミングで買ってどこのタイミングで売るのかを先読みします。

例えば、仕手株に食いつく人達は信用取引を利用している確率が高く、株価が上昇している時はみんな強気ですが、少し下がるとすぐにみんな売りに出して崩れます。そして、その後信用取引で追証が払えなかった人達の強制決済の売りが出てさらに株価が下がるというお決まりの値動きパターンになります。

この会社の株を買っているのはどんな人達なのか、きちんと把握していれば、彼らの動きに合わせた投資戦略を練ることができます。

株式投資をする際に忘れてはいけないのが、その株に投資をしている投資家も、投資されたお金を使って商品を売る経営者も、その商品を買っているお客さんも、すべて「人」であるということです。

業績やチャートを見ることも大切ですが、その業績やチャートを作り出しているのは「人」であることを忘れてはいけません。

孫子曰く「**彼を知り己を知れば百戦殆うからず**」

投資も同じで、投資先の情報や他の株主を知り自分の性格に合った戦略をしっかり練れば、どんな場合でも勝てるでしょう。

あえて利益を出さない会社

一般的に株式投資では、その会社が利益をきちんと出しているかどうかを見ます。常識的に考えると当然利益が出ている会社のほうがよいのですが、世の中にはわざと利益を出さず、爆発的な成長を遂げている会社も存在します。

それを代表する会社がみなさんご存知のアマゾン（Amazon）です。

次ページの表はアマゾンの売上と利益の推移を表したものになります。

売上は右肩上がりに伸びていますが、利益は全くといっていいほど伸びていません。

アマゾンは売上が伸びても利益が出なくて苦労しているかというと、決してそうではありません。むしろ真逆で、毎年売上に比例した大きな利益が出ています。では、なぜ最終的に利益がほとんど残っていないかというと、出た利益のほとんどを未来への投資に使っているからなのです。

一般的に会社が儲かった場合、大きく分けて3つのお金の使い方があります。

1. 利益として残して会社の貯金にする
2. 利益として残して株主に還元する
3. 利益として残さず使う

日本の多くの企業は、昨年よりも多くの利益が出た時、株主への配当として還元するか、利益を会社の内部留保にしています。内部留保は会社にとっての貯金のようなものです。企業の内部留保を具体的な使い途がないまま溜め込んでいても増えないため、あまりに内部留保が増えてくると株主から「配当で還元しろ」という声が上がります。

増収・増益・増配の三拍子が決算などで発表されると、多くの場合株価が上昇します。特に株を長く保有している投資家は配当目当てで保有し続けている人も多いので、増配の決定は株価も上がり配当も増えるのでとても喜ばれます。

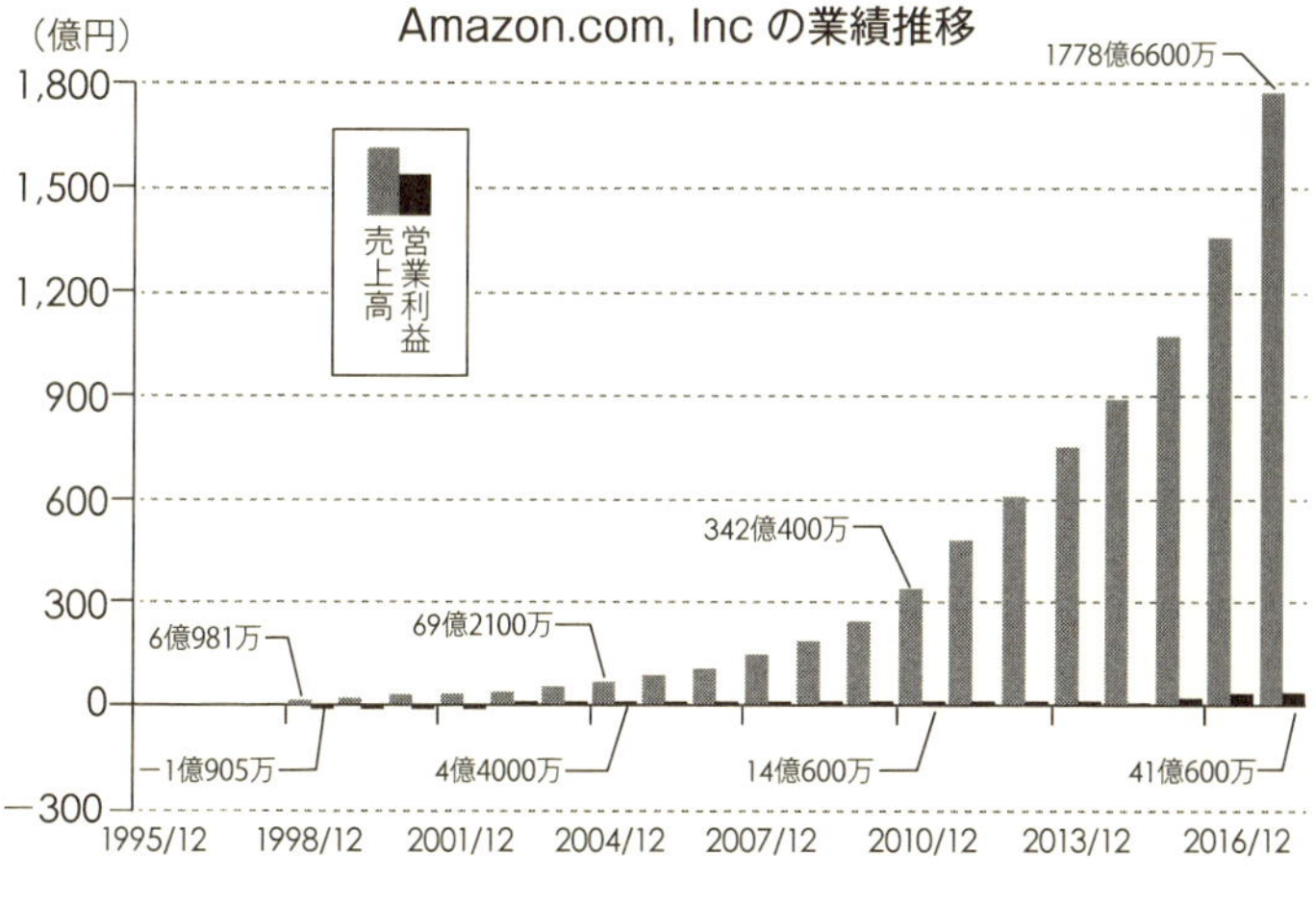

しかし、真に注目すべきは増収・増益・増配をしている会社ではなく、「利益を残さず使う」という経営判断をしている会社です。

会社の内部留保にした場合や株主に還元した場合は、会社の利益として一度出す必要があるので税金がかかります。出た利益から税金が引かれた後のお金を内部留保にしたり、株主に還元したりします。ところが「利益を残さず使う」という経営判断をする会社は、その年に出た利益を税引き前の状態でまるまる使うことができます。

これは新しい事業に投資し事業拡大を狙う会社にとっては、非常に魅力的な選択肢です。もちろん、その将来の利益につながらない無駄な使い方をしている場合は評価に値しません。しかし、最終的な利益だけを見るのではなく、利益が出ていない場合は「利益が出せないのか？」「それともあえて出さないのか？」、利益を出さない場合は「どのように使ったのか？」を調べてみると、その会社の将来性がわかります。

アマゾンの創業者であるジェフ・ベゾスは「利益を出すよりも、ユーザーに還元して顧客満足度を上げたり、将来のために投資をしたほうがいい」という経営判断のもと、わざと利益を出していません。

通常であれば、売上が伸びていても利益や配当が出ていない会社はあまり評価されませんが、アマゾンの投資家は、そういった経営判断に理解を示して株を買っていることがわかります。上場してから配当が一度もないにもかかわらず、アマゾンが株価を上げている実績からもそれは確かでしょう。

アマゾンに限らず、日本にも同様の戦略であえて利益を残さない経営をしている会社があります。

こういった会社は、本業の売上はぐんぐん伸びていながら利益はほとんど伸びていないという特徴があります。そしてその利益が使われている先は、人件費であったり広告費であったりします。

売上と利益しか見えていない投資家にとって、こういった会社は投資対象外になります。しかし、利益を出さない会社の意図を読み解くことができる投資家は、こういった会社に投資をすることで将来大きな株価上昇を期待することができるのです。

Amazon.com, Inc の株価推移

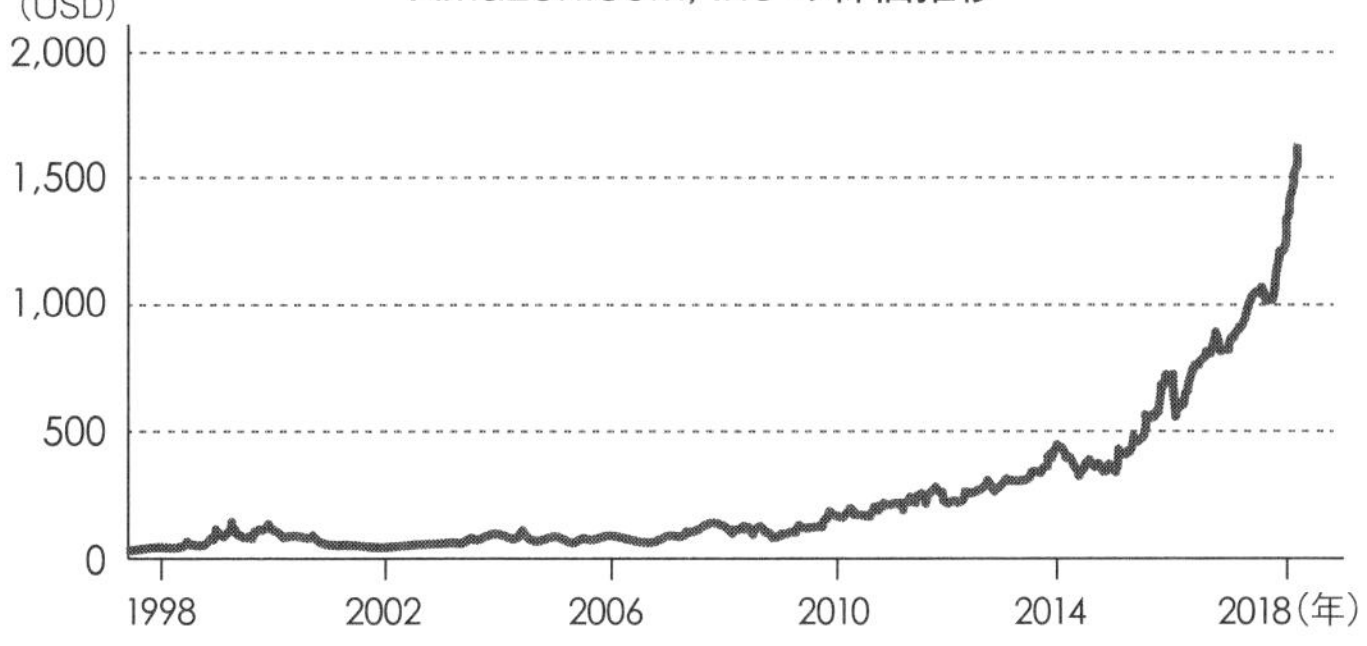

モノと情報があふれるこの時代に、人は何を求めるのか

今、私達が生きているこの時代にはモノと情報があふれています。街に出れば飲食店が多くありますし、欲しいものがあれば、ネットですぐに購入することができます。そんなモノと情報があふれているこの時代に生きる人々は、次に何を求めるのでしょうか。

毎晩寝るところがしっかりあり、食べるものも十分に満たされていて、ある程度社会的なつながりもあり、収入も生きていくのに困らない程度にはある。

そんな環境にいる人達が**次に求めることになるのは**「**感情を揺るがす体験**」です。

ひと昔前までは、カタチのあるモノや何かを所有することに価値があると考えられていました。しかし、今の時代

今までの価値		これからの価値
●食品、家、車、高級品、貴金属	◀	●体験、PV数、フォロワー数、ファンの数、有益な情報、共有、共感、仮想通貨
●所有すること（形のあるもの）		●形のないもの

に生きる若者は、何かを所有することに対して価値を感じなくなってきています。その代わり、フェイスブックやインスタグラムの「いいね数」や、ツイッターの「フォロワー数」などに価値を感じる人が増えています。

これまで人々が求めていたものが形のあるものだったのに対し、これから人々が求めるものは形のないものにシフトしてきているのです。

時代の変化によって人々の価値観が変われば、当然その時代に伸びる会社のビジネスモデルも変わってきます。

例えば、世界各地にあるホテルを運営するヒルトングループは約91億ドルの不動産を「所有」しています。それに対して、エアビーアンドビー（Airbnb）というアメリカの企業が所有している不動産の価値は「ゼロ」です。それにもかかわらずエアビーアン

エアビーアンドビー（Airbnb）と高級ホテルグループの時価総額比較

	創業	部屋数	時価総額	100万室到達期間	不動産資産
エアビーアンドビー	2008年	100万室超	300億ドル	7年	−
マリオット・インターナショナル	1957年	110万室	524億ドル	58年	9億8500万ドル
ヒルトン	1919年	74万5000室	246億ドル	−	91億ドル
インターコンチネンタルホテルズ	1988年	72万7000室	118億ドル	−	7億4100万ドル

（出所：時価総額はYahooファイナンス　2018年4月19日調べ）

ドビーの時価総額は、多くの不動産を所有しているヒルトングループよりも大きく評価されています。

　これは、投資家が「不動産を多く所有している会社」よりも、「不動産を所有せず部屋を貸すビジネスの仕組みを持っている会社」をより価値があると評価していることにほかなりません。


　もう1つ例を見てみましょう。

　世界の自動車関連企業の時価総額ランキングです。1位はトヨタ自動車ですが、BMWやホンダ、GMなどを抑えてウーバー（Uber）が4位にランクインしています。

　他の自動車メーカーが世界各地に工場と数十万人単位の従業員をかかえているのに対して、ウーバーの従業員はたったの3000人程度です。それにもかかわらず時価総額で逆転しているということは、ここでも投資家が「工場や従業員数」よりも、「形

自動車関連産業の時価総額

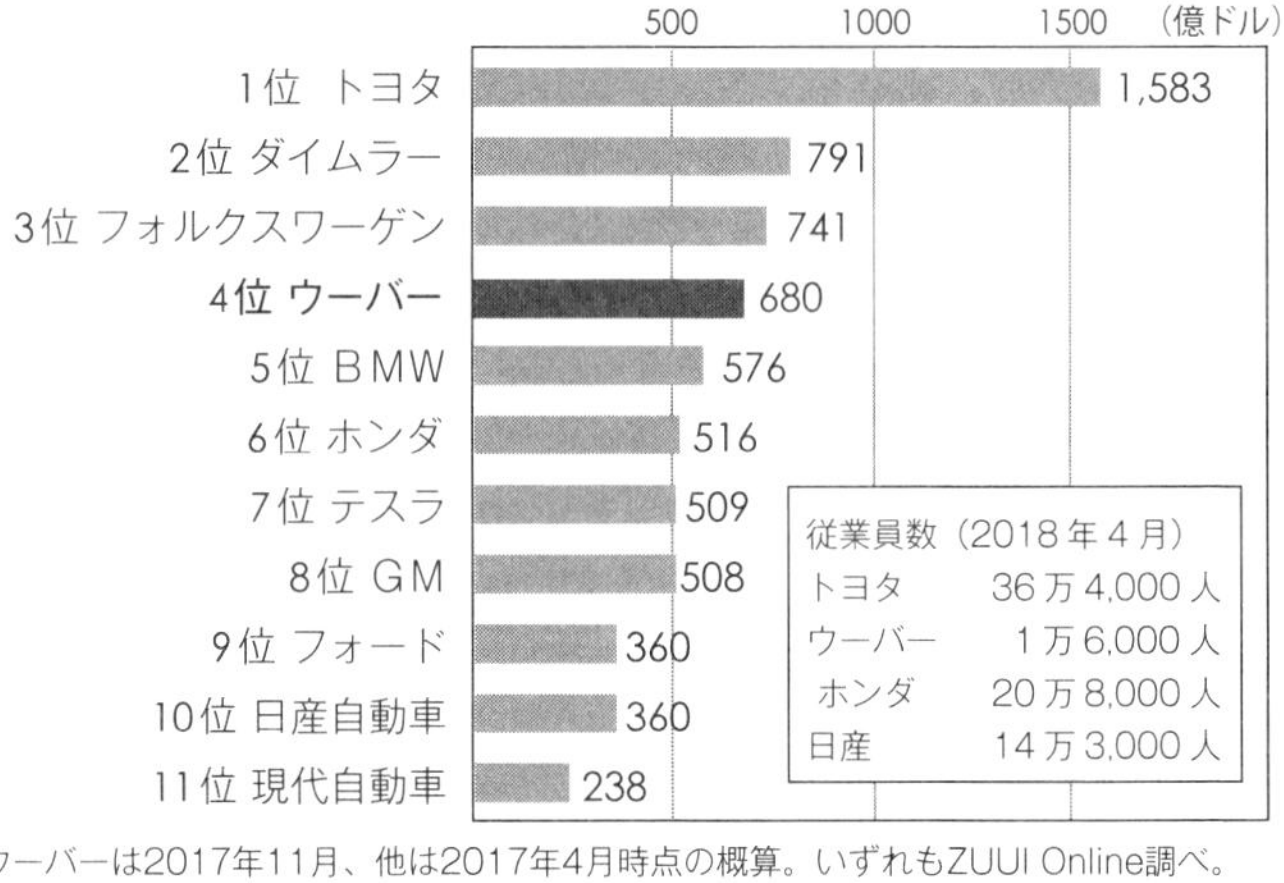

※ウーバーは2017年11月、他は2017年4月時点の概算。いずれもZUUI Online調べ。
従業員数は各社資料より。

のない１つのアプリ」のほうが価値があると評価していることになります。

こういった事例も踏まえると、明らかに価値観が変化する過渡期に来ていることがわかります。

価値は「モノ」から「体験」に、「所有」から「共有」に、「有形」から「無形」に、そして「量」から「質」にシフトしていきます。

人々の価値観が変われば、当然人がお金を使う対象も変わっていきます。

形のあるモノに価値がなくなり、形のない体験に価値が移りゆくのであれば、当然これから人々がお金を使うのは「体験を提供しているサービス」ということになります。

レストランは単に食事を提供するのではなく、「食事を通じた感動体験」を提供できる会社が伸びていきます。

ホテルも単に寝る場所を提供すればよいというわけではなく、「リラックスできる上質な空間という体験」を提供できる会社が伸びて

今まで		これから
●モノ	◀	●体験
●所有	◀	●共有
●有形	◀	●無形
●量	◀	●質

いきます。

そして、健康・体型維持・美容などをテーマにして「体験」を提供している会社も伸びていくでしょう。

各社がこぞって開発を競い合っている自動運転やＡＩシステムもまさに人々に「新しい体験」をもたらすサービスです。

これからの時代では「モノや情報」を提供している会社ではなく、その先にある「体験」を提供している会社が伸びていくのです。

自由を手にしたその先に…

「働きたくないけどお金は欲しい」

そんな理想を実現した後には、いったいどんな世界が待ちかまえているのでしょうか。時間がなくてできないことやお金がなくてできないことはもうそこにはありません。朝好きな時間に起きて、好きなものを食べて、好きなことをする。そんな自由を手にしているはずです。

ところが、多くの人は「働きたくないけどお金は欲しい」という自由を手に入れた後も、なんだかんだいって仕事をします。

ただし、ここでする「仕事」は今まで我慢してやっていた仕事とは根本的に違います。海の見える街でカフェを開いてゆったりと過ごす人もいれば、世界中を旅しながらブログで情報発信をする人もいるでしょう。

一方でビジネスが趣味になり、次から次へと新しいビジネスを立ち上げる人もいることと思います。人生の使命を見つけ、世界中を変えるような仕事を成し遂げる人も出てくるでしょう。

そこから先の仕事はすべて「**自分と周りの人を幸せにするため**」の仕事になるのです。

自分の欲がある程度満たされると、人は自分の身の周りの人を幸せにしたいと思うようになります。自分が空腹状態の人は、見ず知らずの人の空腹を100%気遣う余裕はなかなかありません。しかし、自分のお腹が満たされれば、他人の空腹を気遣う余裕ができるのです。

同じように自分の欲がある程度満たされた後は、他人を幸せにしたいと思うようになります。

そうしてふと、あることに気がつきます。

本当に欲しかったのは、お金ではなく「幸せ」だったのだと。

人間は、自分1人でお金を持っても本当の意味では満たされない生き物です。自分と、自分にかかわる人達が幸せになって初めて「満たされている=幸せ」と感じるようになるのです。

自由を手にした後は、ぜひあなたの周りの人を幸せにしてあげてください。

あなたが培ったノウハウを誰かに教えることでも、ビジネスを通して新しい価値を世の中に提供することでも、どんな形でもかまいません。

自由を得た人が、次は周りの人を幸せにする。

そんな流れができたなら、世界もほんの少し今よりもっと面白くなると思います。

エピローグ

最後までお読みいただきありがとうございました。

本書をきっかけに1人でも多くの人が「投資」を通して、「本当の自由」を手にすることができたら、著者としてこれ以上に嬉しいことはありません。

私が投資を始めたのは大学生の頃でしたが、その後の自分の人生において「投資をやっていて本当によかった」と思うことが幾度なくありました。

大学を卒業し、ベンチャー企業に入社する時は、「そんなところに就職させるために大学に入れたんじゃない！」と両親にひどく反対されました。

しかし、その時すでに投資をしていた経験があったからこそ、将来をイメージできてしまう大企業ではなく、自分でビジネスを学べる環境に身を置くという決断をすることができました。

4年間お世話になった会社を辞めて起業に踏み切ることができたのも、最初に立ち上げたサービスがうまくいかなかった時に諦めなかったのも、投資をしていたことによる資産が当時あったからです。

そんな人生の大きな決断の節目のたびに、私は「お金は人生の選択肢を増やしてくれる」という事実を身をもって実感してきました。

もちろん今までの投資がすべて思いどおりにいったわけではありません。20代前半の頃には一晩で年収をはるかに超える損失を出したこともありましたし、怪しい投資案件にお金を入れて返ってこなかったことも数えきれないくらい経験しました。

しかし、それでも投資を続けてきたからこそ、今では同じ志を持つ多くの仲間もでき、楽しい毎日を過ごすことができています。

そして、これからの日本では特に若い世代の人たちこそが、正しい投資の知識を身につける必要があると考えています。彼らが投資を身につけ、自らビジネスを立ち上げたり、イケてる会社に投資をしたりすることで、これからの時代に価値提供できなくなった会社が淘汰され、新しい価値を提供する会社が多く誕生します。

そうすれば今までになかったような新サービスも多く生まれ、この世の中はもっともっと面白くなるでしょう。

そんな未来の実現に向け、私ができることは日本の若者に金融教育を広めていくことです。

みんながよい会社に投資をすれば、その会社はよりよい商品・サービスを世の中に広めてくれます。そうすればその商品やサービスを使った人達が幸せになります。その人達が幸せになれば、それだけ幸せを提供した会社の業績も上がり、株価も上がります。

そして、最終的にその会社に投資をした投資家も幸せになります。

つまり、投資家が利益を追求した投資をすればするほど、「時間」と「お金」を得るだけでなく、巡りめぐって周りの人も幸せにすることができるのです。

最後になりますが、本書を出版するにあたり、きっかけを作っていただいた人生の先輩でもある星渉さん、編集を担当していただいた㈱マネジメント社の安田喜根社長、多くの書店を駆け巡っていただいた森井二美子さんをはじめとする、マネジメント社のスタッフの皆さまには大変お世話になりました。本当にありがとうございました。

また、弊社創業メンバーでもある天才エンジニアの山縣伸行さん、女性投資家でコミュニティの共同主催者でもある経塚あすかさん、そして、「投資を通して人生を楽しむ！」という同じ志を持った投資コミュニティ「i x i（イクシィ）」の皆さまには、日頃から助けられ、支えられています。いつも本当にありがとうございます。

そして、忘れてはいけないのが読者の皆さまです。この本は手に取って読んでいただく読者がいて、初めてそこに存在価値が生まれます。

本書の読者である「あなた」が何かしら気づきを得て、ほんの少しでも行動に変化が生じれば、本書に投資したお金と時間は何千倍にも何万倍にもなって戻ってくるでしょう。

あなたが投資を身につけ「本当の自由」を手にし、世界をもっともっと面白くしてくれることを心より応援しております。

著者

〈著者プロフィール〉

遠藤　洋（えんどう・ひろし）

投資家、投資コミュニティixi（イクシィ）主宰、株式会社キープライム代表取締役。


1987年埼玉県生まれ。東京理科大学を卒業後、ベンチャー企業を経て、26歳の時に投資で得た利益を元に会社を創業。

20歳から始めた投資では「小型株への集中投資」で、最大年間利回り＋600％、1銘柄の最大投資益＋1,200％を達成。短期的なトレードではなく、本質的な価値を見極め「半年で株価3倍を目指せる銘柄」に集中投資するスタイル。

経営者、上場企業役員、医者、弁護士など1,000人以上に投資を指導し、「勝てる投資家」を数多く輩出。

現在は世界中を旅しながら現役の投資家として活動するとともに、次世代を担う投資家の育成に力を入れている。


【講演依頼・問い合わせ】

endo@keyprime.co.jp

【ixi公式ホームページ】
https://official.ixi-online.com

働きたくないけどお金は欲しい

2018年 6月 8日　初版　第1刷　発行

著　者　遠藤　洋
発行者　安田 喜根
発行所　株式会社 マネジメント社
東京都千代田区神田小川町2-3-13
M&Cビル3F（〒101-0052）
TEL 03-5280-2530（代表）
http://www.mgt-pb.co.jp

印刷　㈱シナノ パブリッシング プレス

ISBN978-4-8378-0483-3 C0033
定価はカバーに表示してあります。
落丁本・乱丁本の場合はお取り替えいたします。